轨道交通建造关键技术研究丛书

地铁叠线盾构区间隧道下穿高铁轨道群施工关键技术

任立志　张述毕　李　围　段景川　著

中 国 铁 道 出 版 社

2018年·北 京

内 容 简 介

针对地铁叠线盾构隧道施工顺序、叠线下穿大规模轨道群(26股道)沉降控制、传统叠线盾构隧道下隧道内支撑台车系统无法实现准同步施工以及叠线盾构始发技术难度大的技术问题,本书就重叠盾构隧道在不同施工顺序下的应力和变形进行了分析,主要研究了叠线盾构区间隧道施工先后顺序、中间夹层土体加固范围和参数要求,并研制了下部隧道移动式同步支撑上部隧道盾构机荷载的台车系统,建立了重叠盾构隧道"先下后上准同步"工法。在地铁盾构隧道下穿准高速铁路轨道群风险分析基础上,采取路基与轨道加固、叠线夹层土改良和沉降实施监测等措施,创建了高铁不减速运营条件下2 m净距重叠盾构隧道下穿高铁轨道群的成功案例,实现了最大沉降值为4 mm,远小于控制值10 mm。

本书为城市轨道交通土建工程专业书籍,可作为从事轨道交通工程施工、设计、监理和建设管理技术人员的指导用书及继续教育用书,也可作为高校教师和研究生的参考用书。

图书在版编目(CIP)数据

地铁叠线盾构区间隧道下穿高铁轨道群施工关键技术/任立志等著.—北京:中国铁道出版社,2018.6
(轨道交通建造关键技术研究丛书)
ISBN 978-7-113-24519-1

Ⅰ.①地… Ⅱ.①任… Ⅲ.①地铁隧道-隧道施工 Ⅳ.①U231.3

中国版本图书馆CIP数据核字(2018)第102647号

轨道交通建造关键技术研究丛书
书　　名:**地铁叠线盾构区间隧道下穿高铁轨道群施工关键技术**
作　　者:任立志　张述毕　李　围　段景川

策　　划:傅希刚
责任编辑:张　瑜　　编辑部电话:010-51873017
封面设计:郑春鹏
责任校对:苗　丹
责任印制:高春晓

出版发行:中国铁道出版社(100054,北京市西城区右安门西街8号)
网　　址:http://www.tdpress.com
印　　刷:中国铁道出版社印刷厂
版　　次:2018年6月第1版　2018年6月第1次印刷
开　　本:880 mm×1 230 mm　1/32　印张:6.875　字数:176千
书　　号:ISBN 978-7-113-24519-1
定　　价:30.00元

作者简介

任立志，男，1967 年 3 月出生，河北磁县人，汉族，中共党员，上海铁道学院铁道工程专业学士、英国格林威治大学项目管理硕士，教授级高级工程师。现任中国电建集团铁路建设有限公司副总经理、中国土木工程学会城市轨道交通分会理事、世界轨道交通发展研究会理事、深圳土木建筑学会轨道交通专业委员会理事、中国施工企业管理协会科学技术奖评审专家、上海应用技术大学兼职教授、深圳市市政设计研究院高级顾问。自 1991 年 7 月参加工作以来，先后参加或主持了广梅汕铁路、广州地铁 1 号线、内昆铁路、渝怀铁路、北京地铁 5 号线、青岛海底隧道、深圳地铁 7 号线、深圳地铁 4 号线三期、深圳地铁 5 号线南延线、深圳地铁 9 号线支线、深圳地铁 10 号线等工程的建设，对铁道工程、城市轨道交通设计与施工有深入的研究和见解。获得各级科学技术奖 15 项，获得专利 36 项，获得中国施工企业管理协会 2015 年度科技创新先进个人称号，出版专著 3 部。

张述毕，男，1975 年 12 月出生，中共党员，籍贯云南省昭通市，高级工程师。现任中国水利水电第十四工程局有限公司轨道工程事业部总经理，主要从事城市轨道交通、铁路工程、城市水环境工程、公路工程等行业建设投资管理工作，先后参与了江西斗晏电站、广西天生桥电站、昆明宜良柴石滩电站、贵州乌江洪家渡电站、云南开远大唐红河火电厂、四川华电泸定水电站和深圳地铁 7 号线 7306 标工程等项目的建设管理，历任技术员、部长、副经理和项目经理等职务。截至目前，发表论文10余篇，申报专利14项，获省部级科技进步奖4项，以及荣获电建集团优秀项目经理称号。

李围，男，1979年7月出生。2006年毕业于西南交通大学桥梁与隧道工程专业，获工学博士学位，现任上海应用技术大学轨道交通学院教授、铁道工程专业责任教授。先后工作于贵州大学、浙江大学宁波理工学院、中国电建铁路建设有限公司，分别任副教授、教授、副总工，荣获贵州省优秀青年科技人才、瑞士联邦理工大学访问学者，师从国际著名的岩石力学和隧道工程专家J. ZHAO教授。担任国家自然科学基金同行评议专家、《工程力学》和《岩土工程学报》EI收录期刊审稿人。截至目前，先后主持省部级课题4项，主持地铁和公路隧道施工技术研究横向项目10余项，发表论文40余篇(其中，第一作者EI收录9篇，第一作者核心期刊20余篇)，出版专著及教材5部，获省部级科技进步奖1项。

段景川，男，1987年7月出生，湖南常德人，汉族，中共党员，西南交通大学桥梁与隧道工程专业硕士，工程师。现供职于中电建南方建设投资有限公司工程管理部。自2013年7月参加工作以来，先后参与了深圳地铁7号线、深圳地铁4号线三期、深圳地铁5号线南延线、深圳地铁9号线支线、深圳地铁10号线等工程的建设工作，对岩土工程及铺轨施工有深入的研究与见解。参与获得省政府、行业协会、电建集团等各级科学技术奖7项，获得专利9项，由科学出版社等出版专著《地铁隧道下穿公路诱发地层变形理论与控制技术》等3部，在公路交通科技、隧道建设等学术期刊上发表《盾构隧道施工近接下穿水工结构物施工力学特性分析》等论文11篇，获得中国电建铁路建设有限公司2016年度优秀科技先进个人称号。

前　　言

随着轨道交通线网规模的不断扩容及运营服务标准的提高，不同线路间换乘及联络日益频繁。同时，受既有周边环境的制约，区间隧道间的空间关系变得日益复杂，不仅出现了十字形或小角度交叉，左右线上下平行重叠的区间隧道相继在上海、北京、深圳、杭州等城市的轨道交通工程中大量出现。

可见，随着轨道交通建设进程的推进，采用上下重叠布置的盾构区间隧道由于可较好地解决周边环境制约、道路红线狭窄、线网运营换乘功能需求等问题而得到越来越多的采纳。然而，针对上下重叠盾构隧道的研究相比工程实践存在较明显的滞后性，对工程建设的指导性存在不足，故加强地铁区间上下重叠盾构隧道的研究显得必要而迫切。

目前国内对于重叠隧道问题的研究仍缺乏系统性及深入性，特别是中国电建集团深圳地铁7号线BT项目笋洪区间盾构隧道叠线下穿高铁轨道群施工技术难题。因此，有必要在系统总结国内已有重叠隧道设计与施工经验的基础上，深入开展地铁叠线盾构区间隧道下穿高铁轨道群施工关键技术的研究，主要包括地铁叠线区间隧道盾构法施工先后顺序、中间夹层土体加固技术、下线隧道内支撑技术以及下穿高铁轨道群加固技术、盾构掘进技术、沉降自动化监测技术和施工安全应急技术。

本书是由中国电建集团重大专项“复杂环境及地质条件下地铁修建关键技术”(ZDZX-07)的两个子课题“连续多段小净距叠线地铁盾构隧道施工关键技术”和“地铁交叠盾

构隧道下穿准高速铁路轨道群施工关键技术”研究成果的总结而成的。该研究成果直接指导完成了中国电建集团深圳地铁7号线BT项目6个区间叠线段总长度1 029 m的施工任务，确保了施工安全，产生了良好的经济效益。

课题研究的一种用于重叠盾构隧道施工的支撑台车及支撑台车系统被授权发明专利，叠线盾构隧道自行式支撑架加固施工工法、盾构隧洞叠线段下线支顶加固上线快速掘进施工工法和盾构隧道下穿铁路站场轨道群地面加固施工工法获批中国电力建设集团工法。

研究成果“地铁叠线盾构隧道下穿准高速铁路轨道群施工关键技术研究”获中国施工企业管理协会科学技术奖二等奖、中国电力建设集团科学技术奖一等奖。

本书第1章、第5章和第8章由任立志撰写；第3章3.2节、3.3节，第4章4.4节、4.5节和第7章由张述毕撰写；第3章3.1节、第4章4.1节～4.3节和附录由李围撰写；第2章和第6章由段景川撰写；全书由李围统稿。

本书在撰写过程中，参阅了许多专家学者发表的论文，在此向他们表示真诚的谢意！

本书在撰写中还得到了付艳军、杨光武的帮助，整理过程中得到了朱慧坤的帮助，中国铁道出版社的傅希刚、陈小刚等编辑也对本书的修改与完善提出了大量宝贵意见和建议，在此向他们一并表示感谢！

由于时间仓促加之作者水平有限，书中如有不妥之处，恳请同行专家及读者给予批评和指正。

作　者

2018年5月

出版说明

截至2017年，我国城市轨道交通开通运营线路总长度达3 862 km(118条)，开通城市29个，其中步入网络化运营的城市共有13个，客运量达176.8亿乘次，全国共有9个城市网络日均进站量超过100万人次，共有运营员工20.8万人，平均每公里线路54人。

我国城市轨道交通占公共交通比例还很小(见表1)，与国际化大都市差距大，轨道交通发展潜力还很大。例如，尽管上海运营里程突破了680 km，为世界上轨道交通运营里程最多的城市，但其轨道交通占公共交通比例仅刚过50%，其中多条线路已经超负荷运营，上下班时间拥挤不堪。而深圳已经完成了三期建设运营，轨道交通仅占公共交通的三分之一还不到。

表1　世界各国大都市轨道交通占公共交通的比例

东京	伦敦	巴黎	莫斯科	上海	北京	深圳
86%	70%	70%	55%	54.6%	45%	32%

当前，我国轨道交通还处于高速发展期，特别是由于我国幅员辽阔，各区域地质差异较大，导致地铁的施工难易也不相同，因此，需要解决不同城市地质环境条件下地铁施工技术问题。

我国城市地质条件主要有：以上海、杭州等为代表的深厚软土层，以西安为代表的黄土地层，以成都为代表的砂卵石和漂石地层，以深圳、广州为代表的不同风化花岗岩组成的混合地层，以重庆、青岛为代表的岩石地层，以贵阳为代表的岩溶地层。其中，深圳混合地层主要为第四系全新统人工堆积层、海积层、海冲积层、冲洪积层、洪积层、上统更新坡积层、残积层震旦系混合岩和花岗片麻岩、震旦系混合岩和花岗片麻、燕山期花岗岩和加里东期混合花岗岩，地下水位位于地面以下 0.7～12.1 m。混合地层地铁施工难度最大，其主要地质问题如下：

1. 车站

范围内岩面高，基岩侵入车站范围内最大厚度达 14 m，地下连续墙入岩最大深度为 17.5 m，强度最高达 132 MPa，大倾角陡坡硬岩(45°)分布广泛。基坑控制爆破困难，成槽困难。

2. 盾构区间隧道

穿越地段基岩面起伏大、变化剧烈，硬岩、上软下硬、富水砂层、孤石、掘进中存在盾构机姿态难以控制、坍塌、涌水，地面沉降难以控制从而造成地面建筑物开裂损坏、盾构机易被卡住等。

3. 矿山法区间隧道

位于全强风化花岗岩中，顶部主要为砂质黏性土、素填土、中砂、粗砂等富水软土层，施工失水极易引起隧道变形、地面塌方等风险。再加上在深圳主城区修建地铁地上地下环境条件复杂，例如三期重大工程 7 号线穿越深圳主城区，全线正下穿既有建筑物 20 余栋，5 次下穿河流和湖泊，1 次上穿高速铁路，2 次下穿既有铁路，4 次下穿已运营地铁线，8 次下穿(或侧穿)既有桥梁，在华强北商圈核心地段与 7 号线同步实施华强北地下空间工程。

本套丛书结合我国目前正在大力修建的城市地铁重大工程，及时总结施工中研究形成的新技术并出版，为同城后期地铁工程的建设提供技术支撑和其他城市类似工程提供技术参考有其重要意义。

因此，中国铁道出版社与地铁建设相关单位合作，出版《轨道交通建造关键技术研究丛书》，期待为我国地铁工程新技术的进步贡献一份力量。

丛书策划：李围、傅希刚

2018 年 1 月 1 日

目　　录

第1章 绪　论

1.1 研究背景

早期的轨道交通建设，左右线区间隧道间的空间关系较为单一，通常按左右线分离式布置，左右线隧道在平面上保持不小于1倍洞径的净距，施工过程及运营阶段两者相互影响较小，无需采取特殊工程措施[1]。

随着轨道交通线网规模的不断扩容及运营服务标准的不断提高，不同线路间换乘及联络日益频繁。同时，受既有周边环境的制约，区间隧道间的空间关系变得日益复杂，不仅出现了十字形或小角度交叉[2-3]，左右线上下平行重叠的区间隧道相继在上海、北京、深圳、杭州等城市的轨道交通工程中出现[4-5]，主要有：

(1)上海市轨道交通明珠线二期工程浦东南路站～南浦大桥站盾构区间隧道全长2 000 m，在浦西段位于南浦大桥桩基间施工，为确保线型同时避让南浦大桥桥桩，采用437.7 m重叠盾构隧道。

(2)北京轨道交通建设在地铁8号线二期工程什刹海站～南锣鼓巷站区间采用了225 m长重叠盾构隧道。

(3)深圳地铁3号线红岭中路站～老街站～晒布路站区间1 045 m重叠盾构隧道，2号线的大剧院站～湖贝站区间，7号线的华新站～黄木岗区间、笋岗站～洪湖站区间以及红岭北～笋岗区间采用重叠盾构隧道形式对建(构)筑物进行避让或适应车站形式。

(4)杭州地铁在1号线文化广场站～艮山门站盾构区间采用90.495 m长重叠隧道出文化广场站。

(5)武汉地铁2号线和4号线工程的洪山广场站、中南路站为实现双向客流全部同站台换乘，出现了4孔紧邻交叠隧道，其区间隧道重叠段达到 705 m。

(6)中国电建深圳地铁 7 号线 BT 项目 6 个区间存在上下重叠小间距隧道,分别为车公庙～上沙、华新～黄木岗、黄木岗～八卦岭、红岭北～笋岗、笋岗～洪湖、洪湖～田贝区间,叠线段总长度 1 029 m,上下隧道最小净距为 2.0 m。

可见,随着轨道交通建设进程的推进,采用上下重叠布置的盾构区间隧道由于可较好地解决周边环境制约、道路红线狭窄、线网运营换乘功能需求等问题而得到越来越多的采纳。然而,针对上下重叠盾构隧道的研究相比工程实践存在较明显的滞后性,对工程建设的指导性存在不足,故加强地铁区间上下重叠盾构隧道的研究显得必要而迫切。

特别是中国电建深圳地铁 7 号线 BT 项目笋岗～洪湖区间(以下简称"笋洪区间")盾构隧道叠线下穿 26 股道施工技术难题,穿越地质情况复杂,变形控制要求高,加固及保护难度大,铁路方面涉及部门多,协调困难。上下叠线隧道施工沉降变形控制标准要求高,下线隧道顶部土体加固及上线隧道施工对下线已完成隧道的稳定性影响是关键技术难点。

目前国内对于重叠隧道问题的研究仍缺乏系统性及深入性,因此有必要在系统研究国内已有重叠隧道设计与施工经验的基础上,深入开展地铁叠线盾构区间隧道下穿高铁轨道群施工关键技术,主要研究内容如下:

一是,地铁叠线盾构隧道施工技术。重点研究上下隧道施工先后顺序、中间夹层土体加固技术、下线隧道内支撑技术。

二是,高铁轨道群加固技术。重点研究加固范围及参数、不同加固方式计算结果对比分析以及路基、线路和电气化立柱基础加固技术。

三是,地铁叠线盾构隧道下穿准高铁轨道群盾构掘进技术。主要研究盾构掘进参数试验、盾构掘进过程控制、盾构掘进风险分析及应对措施。

四是，高铁轨道群沉降变形监测技术。主要研究监测方法、监测项目控制值、监测成果分析。

1.2 叠线盾构区间隧道技术现状

1. 关于叠线区间隧道盾构法施工引起的周围地层位移及对策

朱卫平、胡珉、郭平[6]依据弹性理论提出了一个地面隆起变形公式，即提出了盾构隧道叠交施工引起的地面隆起变形公式，将该公式与地面沉降的派克(Peck)公式进行叠加，建立了盾构叠交隧道地层移动的数学模型，分析了黄浦江行人观光隧道掘进跨越上海地铁2号线时的地层移动，其计算结果与现场测试相符合。

安红刚、胡向东[7]在分析交叠隧道盾构法施工地表变形规律的基础上，采用进化神经网络建立了地表变形智能预测模型，由此预测盾构推进中下一步地表变形以便给变形控制提供依据。通过对上海地铁明珠二期交叠区间隧道上下行线施工地表变形的预测，表明进化智能预测具有较高精度，预测和实施的相关性系数达98%以上，从而论证了该方法的可行性和适用性。

廖少明、余炎[8]等人应用边界单元法对相邻隧道开挖过程中的三种典型叠交位置引起的地层位移场分布规律及相互影响进行了分析。分析结果表明：单条隧道开挖引起的地表最大沉降值出现在隧道轴线的正上方，而两左右或上下相邻隧道开挖的地表及土层内部的最大沉降值则出现在两隧道的纵轴线之间，且偏向上方埋深较浅的隧道。隧道开挖引起的地层深层与浅层变形趋势是一致的，但在两隧道轴线上方深层土体的沉降要远比浅层土体大。叠交隧道的埋深及其相对空间位置关系对土层的位移场有较大的影响。

2. 关于叠线区间隧道盾构法施工相互影响分析

王明年、张晓军[9]等人依托深圳地铁3号线红岭中路～老街～晒布段区间重叠隧道工程进行研究，建立了能全面反映盾构隧道掘进全过程的三维模拟方法，并采用摩尔-库仑屈服准则对盾构隧道重叠段进行了横向近接分区，同时采用了位移变化速率准则对盾构隧道重叠段进行了纵向近接分区。

张海波、殷宗泽[10]等人以上海市轨道交通明珠线二期工程浦东南路站～南浦大桥站区间近距离叠交隧道盾构施工为研究对象，采用三维非线性有限元，对近距离叠交情况下后建隧道盾构施工引起老隧道衬砌的应力和变形进行了模拟，并研究了土层性质、隧道覆土厚度、隧道间相对位置、隧道间相对距离等因素与隧道间影响的关系。

赵军、李元海[11]以杭州地铁 1 号线文艮盾构区间的左、右线交叉重叠区间隧道为研究对象，采用 FLAC 3D 进行模拟分析先上后下和先下后上两种施工工况引起的地表沉降与隧道上浮下沉情况，对两种施工工况引起的地表沉降横向影响范围、地表沉降的极值、先上后下施工上部隧道最终下沉量和先下后上施工下部隧道的最终上浮量进行了详细比较分析，得出交叉重叠隧道先下后上的施工工况。

其余还有李朋、徐海清、李振伟[4]依托武汉地铁 2 号线和 4 号线工程，针对 4 孔紧邻交叠隧道，采用三维有限元方法分析了隧道动态施工过程引起的地表变形规律以及后建隧道对已建隧道受力与变形的影响；潘秀明、雷崇红[12]以北京地铁 8 号线二期工程什刹海站～南锣鼓巷站区间盾构交叠段工程为背景，采用 FLAC 3D 数值分析方法，在确定了合理的地层损失率基础下，充分考虑了盾构管片、分步开挖等因素影响，分析预测了后建盾构隧道重叠施工对下方已建隧道的纵向和横向变形的影响；杨洪杰、吴惠明[13]以浦东南路站～南浦大桥站区间叠交隧道工程为例，详细分析了近距离叠交隧道施工中上行线和下行线的相互影响，对长距离叠交施工进行三维非线性有限元分析，主要对隧道推进过程中的周围土体的移动规律及地面沉降规律和因软土流变性而对盾构施工后土层和隧道变形的长期影响进行了深入研究。

3. 关于叠线区间隧道盾构法施工技术

章慧健、仇文革[5]等人以深圳地铁 3 号线老街站～晒布路站区间重叠隧道工程为背景,采用三维有限元数值计算和室内离心模型试验相结合的手段,对上部隧道(后挖隧道)施工引起的下方已建隧道纵向变位进行了研究。当重叠隧道施工时,采用先下后上顺序施工时,后施工隧道对先建隧道是一种"卸载"作用,就此探讨了应对这种暂时纵向效应的对策措施,主要包括临时压重和临时支撑。

李华[14]就小间距叠交盾构隧道施工主要面临后建隧道对先建隧道结构的影响和因地表沉降叠加引发沉降过大两大问题提出了相应施工技术。采用了同步注浆和二次注浆相结合,从新增管片注浆孔内注浆加固,先建隧道内增加纵向连接槽钢或米字型钢支撑和信息化监测等施工控制技术措施。从施工效果来看,这些技术措施有效控制了管片的变形和地表沉降,达到预期效果。

另外,霍元盛[15]结合深圳地铁 2 号线东延线东黄区间盾构隧道重叠段采用夹层岩体注浆加固、自行台车同步支撑施工工艺及关键技术,可为同类工程提供参考;王志华[16]介绍了上海市轨道交通 10 号线工程 10 标段虹井路站～虹梅路站区间隧道盾构叠交穿越中间井施工技术,叠交段盾构 3 次进中间井、1 次出中间井,采取深层搅拌桩、冻结、旋喷桩加固土体,保证盾构进、出洞安全顺利的施工技术,对今后类似工程有借鉴意义;周建钢[17]介绍了北京轨道交通建设首次在地铁 6 号线一期工程采用了叠落式盾构隧道技术方案,并成功实施,对叠落式盾构隧道施工中的重要施工控制技术和关键施工工艺进行了初步探索和阐述。

1.3 盾构区间隧道下穿铁路现状

1. 对铁路的影响数值模拟分析

唐黎明[18]以宁波市轨道交通 4 号线金达路站～钱湖大道站区间下穿杭深线、北环线鄞县特大桥工程为例,利用 Plaxis 3D 有限元软件对盾构施工过程进行了数值模拟分析,对不同施工工况下桥梁墩顶的变形情况进行了研究,得到了高铁桥梁桥墩横桥向、顺桥向及垂向位移,并对该设计方案进行了技术分析和安全评估。

王国富[19]等以济南轨道交通 R1 线小半径盾构隧道下穿京沪高铁桥为工程依托,分析盾构掘进过程中对高铁桥的影响,并结合现场施工条件提出直线形、折线形、曲线形 3 种隔离桩布局形式,探讨其变形控制效果。结果表明:曲线盾构施工引起的周围土体应力状态及桥桩变形特征比盾构直线掘进更加复杂,在无隔离桩支护时,桥桩沉降超过 1 mm 的规范设计要求,桩基水平位移高达 3.112 mm,高铁桥变形过大;对比分析 3 种隔离桩布局,直线形隔离桩变形控制效果较差,不能完全保证高铁桥安全,曲线形和折线形隔离桩可有效控制高铁桥变形,综合考虑经济性与施工便捷性,确定折线形隔离桩布局最优。

王霆[20]等以南京地铁机场线盾构隧道近距离穿越高速铁路连续梁桥为背景,通过现场监测和有限元计算,研究盾构下穿施工对桥梁上部结构的影响。研究结果表明:由于盾构隧道所处的地层较好、埋深较大,且盾构隧道施工对于地层的扰动较小,所以盾构隧道施工对于桥梁下部结构的影响很小;由盾构隧道施工引起的梁体附加变形很小,均满足控制要求;盾构隧道施工引起的桥梁附加内力既对桥梁的受力起到好的作用也有不良作用,且附加力的量值很小,不会对桥梁的正常使用产生影响。

崔建华[21]等以合肥市轨道交通 1 号、5 号线下穿合肥高铁南站为依托,采用 MIDAS/GTS 有限元软件对盾构隧道施工过程进行模拟,分析了桩基群上部铁路路基沉降变化。通过模拟可知,既有桩基群能有效控制盾构施工过程中路基的沉降。先开挖隧道引起的高铁路基沉降值大于后开挖隧道引起的高铁路基沉降值,且在全线贯通时先开挖隧道引起的路基沉降与后开挖隧道引起的沉降产生明显的叠加。

2. 监测分析

高东奇[22]等以杭州环北地下快速路隧道工程为背景,其采用大直径(11.58 m)泥水平衡盾构浅覆土斜交下穿既有沪杭高铁桥涵。

为确保高铁运营安全,对桥涵沉降进行监测,同时考虑盾构穿越施工阶段隧道所处的复杂环境条件,通过在管片中埋设纵向和环向钢筋应力计,对盾构施工引起的隧道纵向及环向结构响应进行全过程跟踪实测分析。监测结果表明:桥涵最大纵向差异沉降率为 0.20‰,最大横向差异沉降率为 0.30‰,均在铁路安全控制标准内;在隧道穿越施工过程中,盾构总推力随盾构姿态的变化而变化,并对隧道管片受力和桥涵位移产生明显影响,其中管片纵向轴力呈现“顶部大,底部小”的趋势,环向弯矩呈现“腰部最大,拱顶、拱底次之,两肩最小”的特点,桥涵倾斜方向也会发生变化。

张碧文[23]以广州某地铁 9 号线下穿武广高铁为依托,结合国内新兴的 MJS 工法,对施工过程进行了全程三维数值模拟分析,结果表明 MJS 预加固可有效控制盾构施工引起的地层沉降;并据此提出了相应的列车限速、加强盾构掘进参数控制、加强信息化施工水平等确保高铁运营安全的应对措施。

3. 安全控制技术

陈海丰[24]等依托苏州轨道交通 2 号线盾构下穿沪宁城际高速铁路工程,采用理论分析和三维数值仿真,系统地阐述分析了软弱地层条件下盾构穿越高铁所存在的风险,并研究提出了一套包括多方面措施的安全控制体系。研究表明:制定沉降控制标准时必须充分考虑地层工后沉降;仅针对地层注浆加固的传统方案难以满足穿越高铁要求,研究提出了“分区注浆+板桩隔离”的新型保护体系;穿越施工期间应限制列车运行速度,优良的盾构设备、微扰动掘进工艺、充分同步注浆及二次补浆、自动化远程监控等措施,可有效规避或降低穿越高铁施工风险。因实际工程安全顺利地穿越了高铁,验证说明了其提出的盾构穿越高铁控制措施的合理性、有效性。

徐源[25]等以南京地铁隧道下穿既有高铁桥墩基础工程项目为例,从桥墩沉降和水平位移两个方面探讨了桥墩变形控制限值的问题;从加固措施、施工控制和信息化监测三个方面采取措施控制高铁桥墩基础的变形。监测结果表明：各项监测项目均在变形控制限值内，采取的变形控制措施是有效的，可供类似工程参考。

4. 设计技术

庞振勇[26]依托南京地铁S8宁天城际下穿宁启铁路工程，结合南京地质条件，研究新建地铁隧道下穿既有铁路线时，地铁隧道施工对既有铁路线的影响，提出在既有铁路线下方采用注浆加固的方法以规避风险，采用“桩＋板”加固的方法预留后期铁路复线施工条件。研究结果表明：采用注浆加固时，地铁隧道双线贯通铁路线路最大沉降(6.9 mm)比不加固减小58.9%，铁路线路最大高低偏差(3 mm)比不加固减小51.3%，采用“桩＋板”加固预留铁路复线扩建条件，桩板结构最大变形及内力均能满足规范要求。

叶至盛[27]以成都地铁4号线二期东延线万年场站～东三环站矿山法施工区间下穿成绵乐城际高速铁路(无砟轨道)为例，通过与同类工程进行类比，并结合理论计算分析，综合评估了地铁下穿施工对高铁的影响。经与实际监测结果比较，证明设计方案是合理的，计算具有较高的可靠度，并提出了对高铁的具体保护措施及沉降控制标准。

5. 风险分析与措施

城铁线对路基、轨道的沉降变形控制要求较为严格。曲强[28]等在分析盾构隧道下穿城铁地面线施工风险基础上，采取了设置防脱护轨、调整盾构掘进参数、利用天窗时间增减道砟来调整轨道变形等主要措施，成功控制了既有线路轨道变形，保证了既有线路的运营安全。

1.4 盾构法隧道施工理论

1.4.1 盾构施工原理

盾构隧道施工法是指使用盾构机，一边控制开挖面及周围土体不发生坍塌失稳，一边进行隧道掘进、出渣，并在机内拼装管片形成衬砌、实施壁后注浆，从而不扰动周围土体而修筑隧道的方法。盾构机的所谓“盾”是指保持开挖面稳定性的刀盘和压力仓、支护周围土体的盾构钢壳，所谓“构”是指构成隧道衬砌的管片和壁后注浆体。

盾构施工阶段主要包括以下几个主要的技术环节：

(1)土体开挖与开挖面支护

土压平衡式盾构施工过程中，通过切削刀盘来切削前方土体。挖土量的多少由刀盘的转速、切削扭矩以及千斤顶推力决定，排土量的多少则是通过螺旋排土器的转速来调节。因为土压平衡式盾构机是借助土压仓内土体压力来平衡开挖面土水压力的，为使土压仓压力波动较小，施工中要经常调节螺旋排土器的转速和千斤顶的推进速度来保持挖土量与排土量平衡。

(2)盾构推进与衬砌拼装

盾构依靠千斤顶推力作用向前推进。盾构推进过程中需要克服开挖面土体压力、摩擦阻力和内部机械设备阻力，盾构的总推力必须根据各种阻力的总和及其所需要的富余量决定。推力过大会使正面土体因挤压而前移和隆起，而推力过小又影响推进速度。千斤顶推动盾构前进后，依次收缩千斤顶在盾构内部拼装衬砌。

(3)盾尾脱空与壁后注浆

千斤顶推动盾构机向前推进时，使得本来位于盾构壳内部的拼装衬砌脱出盾壳的保护，在衬砌外围产生建筑空隙(其体积等于盾壳对应圆筒体积与盾尾操作空间体积之和)，引起较大地层损失。如不采取补救措施，将会引起很大的地层位移和地面沉降。

壁后注浆是对盾尾形成的施工空隙进行填充注浆，以减小由于盾尾空隙而产生的地基应力释放和地层变形，是盾构施工的重要环节之一。壁后注浆有两种方式，即通过在盾构壳上设置注浆管，在空隙生成的同时进行注浆的同步注浆方式和通过管片上预留的注浆孔进行注浆的及时注浆方式，其中同步注浆更有利于地基沉降的控制。

1.4.2 盾构施工对地层的影响

1. 地面沉降的规律和特征

在采用盾构法隧道施工过程中，沿隧道纵向轴线所产生的地表变形如下：通常盾构前方的土体受到挤压时有向前向上的移动，从而使地表有微量的隆起，而当开挖面土体因支护力不足而向盾构内移动时，则盾构前方土体发生向下向后的移动，从而使地面沉降，开挖面的上方土体，亦因盾构作用于开挖面推力的大小而使地面隆起或沉降。当盾构通过时，盾构两侧的土体向外移动。当隧道衬砌脱离盾尾时，由于衬砌外壁与土壁之间有建筑空隙，地表会有一个较大的下沉且沉降速率也较大。同时隧道两侧的土体向隧道中线移动。这一阶段的沉降通常称为施工沉降，常在1～2个月的时间内完成。

由于施工过程中对周围土体的扰动，土中的孔隙水压力上升。随着孔隙压力的消散，地层会发生主固结沉降。孔隙水压力趋于稳定后，土体的骨架仍会蠕变，即次固结，地层还会有一定的沉降。由于土体固结发生的沉降称为固结沉降。总之，软黏土地层中的地表运动可分三个阶段：(1)盾构前方隆起或沉降；(2)施工沉降；(3)固结沉降。

地层移动是与具体地质和施工条件密切相关的。地面沉降速率、沉降变化的突然性、沉降范围、最大沉降量、沉降槽的几何尺寸、沉降稳定时间等是沉降的特征。在一定的基本盾构施工条件下，这些沉降特征在很大程度上受到施工细节的影响，但在更大的程度上受到地质条件的影响。

2. 地面沉降的原因

盾构隧道施工引起的地层损失和盾构隧道周围受扰动或受剪切破坏的重塑土的再固结，是地面沉降的基本原因。

(1)地层损失

在盾构施工过程中，实际开挖土体体积减去竣工隧道土体体积得到的体积差值，即是地层损失。其中隧道外围包裹着的压入浆体体积属于竣工隧道体积。一般情况下，以占盾构理论排土体积的百分比 V_t(%)来表示地层损失率。为了弥补周围土体的地层损失，必将导致地层发生移动，从而引起地面的沉降。

(2)受扰动土体的固结

在盾构施工过程中，隧道周围土体受到扰动后，使盾构隧道周围产生了超孔隙水压力，并且逐渐形成了水压力区。盾构推入到某处地层时，若盾构机离开此处的地层，这时周围土体表面的应力将释放出来，导致隧道周围的超孔隙水压力下降。随着超孔隙水压力的下降，以及孔隙水的逐渐排出，最后会引起地层发生移动和地面产生沉降。此外，在盾构推进过程中必将产生一定的挤压作用和盾尾后的压浆作用，这些因素会使周围地层的超孔隙水压力变成正值。施工一段时间后，隧道周围土体的超孔隙水压力逐渐消散复原，同时使地层发生排水固结变形，最终引起地面的沉降。

3. 地面沉降的估算

派克(Peck)认为，在不排水情况下因施工而引起的地面沉降，其沉降槽的体积等于地层损失的体积，结合这个假定并针对采矿引起地面位移的一种估算方法，派克提出了盾构施工引起施工阶段地面沉降的估算方法。此法假定地层损失是均匀分布在隧道长度上，且地面沉降的横向分布呈正太分布曲线。

1.4.3 盾构施工对邻近结构物的影响

盾构施工对邻近建筑物的影响，其相关研究如下：

(1)丁智[29]将盾构施工中土体损失简化为扰动荷载，同时考虑建筑物荷载，基于弹性半空间的 Boussineq 解，求得扰动荷载作用下地面最大沉降和建筑物荷载引起的地面沉降；再根据叠加原理和 Peck 公式，求得邻近建筑物工况下的盾构施工引起的地面沉降值；通过建立建筑物弯曲和倾斜变形控制的地面容许沉降和容许土体损失率，来判断盾构隧道施工是否对邻近建筑物产生损坏，进而确定建筑物的损坏程度，从而采取相应的防护措施。

(2)Schmidt[30]对软土隧道的固结沉降进行了研究，认为盾构开挖引起的地表沉陷部分来自于开挖面和盾尾间隙的地层损失，而更大部分则来自于土体的固结。分析和实测表明，土体非弹性径向位移、开挖面过大的支护压力和隧道发生的应变是引起超孔隙水压力的原因。

(3)Samarasekera 和 Eisenstein[31]通过隧道直径 D、隧道埋深直径比 H/D、侧向土压力系数等因素对隧道开挖扰动引起的超孔隙水压力进行了研究，并通过定义有效刚度比来研究其对孔隙水压力的影响，同时采用二维非线性有限元数值模型及非耦合固结理论分析了超孔隙水压力的产生及消散过程。

(4)朱忠隆等[32]采用静力触探试验来研究盾构推进这种动态施工对地层扰动的影响，通过对土层力学参数的试验数据分析，指出在盾构推进过程中将引起一定范围内土体结构性的破坏，使得土体的变形指标压缩模量发生变化，同时土体的强度指标也相应变化。

(5)Yi-Cherng 等[33]发表了《基于神经网络进行桩身质量诊断的专家系统》一文，从而将神经网络逐步引入到岩土工程实践中来。

(6)夏江[34]等基于遗传算法对软土地基沉降进行了预测。

(7)任松[35]等分析了城市浅埋隧道开挖地表沉降的主要影响因素，并建立了基于遗传算法的神经网络浅埋隧道开挖地表沉降预测模型。

(8)Guo Qinghao[36]介绍了城市隧道近接下穿既有建筑的施工技术。

(9)吴昌将[37]等结合上海地铁 11 号线侧穿古建筑的实际工程，采用数值计算和现场实测相结合的方法，对 MJS 桩基施工预加固与新建隧道侧穿引起的邻近古建筑的沉降进行了深入研究。研究得出:采用隔离桩的保护，大大减少了盾构掘进对地表以及建筑物沉降的影响。

(10)胡大伟[38]以北京地铁 10 号线二期前泥洼～西局站区间盾构侧穿大从大厦为例，通过建立 FLAC 3D 有限元模型，模拟盾构侧穿大从大厦的全过程,研究大从大厦在盾构侧穿期间的变形特征。通过对比分析地基加固前后大从大厦地基基础的变形特征发现,所采取的加固措施可以有效减小地基基础的变形,从而达到保护建筑物的目的。

(11)苏君哲[39]基于北京地铁 6 号线青褡盾构区间,重点介绍了下穿平房段的加固措施及工艺。

1.5 主要研究方法

1.5.1 有限元法

隧道及地下工程结构中的位移场和应力场以及动力特性分析都可视为在给定的边界条件下求解控制方程问题,控制方程为常微分方程或偏微分方程。虽然根据数学和物理知识,可以建立这些力学问题和场问题的基本物理方程及边界条件,但因实际问题的形状和边界条件复杂,很难得到理论解析解。因此,解决此类问题有两种途径:一是引入假设进行简化;二是保留问题的实际情况,采用数值方法求其近似解。土木工程数值模拟技术正是基于现代计算数学和力学理论,再利用计算机编程来获得近似解,以满足工程设计的需要。

由于隧道及地下工程的岩土介质具有非均质、非弹性、各向异性等复杂的本构关系,土体和地下结构的共同作用机理非常复杂,人工计算量大,耗时长且过程繁杂,因此地下工程的计算多借助于计算机完成。在隧道力学有限元分析中,常用的是衬砌结构杆系有限元分析法(荷载结构法)和整体有限元数值分析法(地层结构法),本节重点介绍地层结构法有限元数值分析。

有限元是一种离散化的数值方法,基本思想是将连续的结构离散成有限个单元,并在每一个单元中设立有限个节点,将连续体看成只在节点处连续的一组单元的集合体;同时,选定场函数的节点值作为基本未知量,并在每个单元中假设一个近似插值函数以表示单元中场函数的分布规律;进而利用力学中的某种变分原理去建立用以求解节点未知量的有限单元平衡方程，从而将一个连续区域的无限自由度问题转化为离散域中的有限自由度问题。通过求解平衡方程，即可求得节点值，然后利用设定的插值函数即可确定所有单元上的场函数。

采用有限元法进行力学问题分析的步骤为结构离散化、选择单元节点位移函数、建立单元刚度矩阵和总刚度矩阵、建立平衡方程组、求解并进行后处理，具体步骤如下：

(1)结构离散化。离散化是将要分析的实体划分成有限个单元，并在单元与单元之间采用节点连接，使得相邻的单元在节点上具有相同的位移和应力，从而成为一个连续的实体，以替代原来的实体；在离散化中单元的大小和数量决定了计算的精度和计算的时间代价；通常在满足工程要求的情况下，单元适当取大一些，单元数量少一些，从而减少计算时间。

(2)选择单元节点位移函数。单元内部的位移、应变和应力状态都采用单元与单元间的节点位移为基础数据，并采用某种位移模式计算而得，即先要假定这个位移函数，再以节点位移为自变量，单元内部的位移等物理量为因变量，求解单元位移、应变和应力；选择合适的节点位移函数是有限元分析的关键，通常采用多项式函数；但是，多项式函数也有一次、二次，线性和非线性之分。

(3)建立单元刚度矩阵。对于不同的单元，可以根据力学原理中的几何方程、本构方程和变分原理进行推导，最后得到其单元在局部坐标系下的单元刚度矩阵表达式。

(4)建立总刚度矩阵。首先根据坐标变换原理，将局部坐标系下的单元刚度矩阵转换为总体坐标系下的单元刚度矩阵；然后根据各节点处单元刚度矩阵相加的原则，组建总体坐标系下的总刚度矩阵表达式。

(5)建立平衡方程组。根据 $\boldsymbol{F}=\boldsymbol{KX}$($\boldsymbol{F}$ 为边界条件上的力向量，$\boldsymbol{K}$ 为总刚度矩阵，$\boldsymbol{X}$ 为边界条件上的位移向量)组建各节点的平衡方程。

(6)求解平衡方程组。采用线性方程组的数值求解方法求解平衡方程组,得出单元节点的位移量。

(7)后处理。根据节点位移量,分别计算节点力、单元应变和应力等物理量,同时绘制相应的等值线图。

1.5.2 MIDAS/GTS 盾构隧道施工阶段数值模拟方法

一般来说,隧道土体材料都是非线性材料,材料的非线性特性可从土体的初始条件获得。所谓初始条件是指施工前的现场条件,也叫原场地条件,其中原场地应力最具代表性。一般来说,获得原场地的应力条件后,由此可得挖掘荷载、摩尔-库仑这样的材料的剪切强度等。然后在原场地条件下按施工顺序进行全施工阶段的分析。现场的实际施工阶段非常复杂也经常发生变化,施工阶段分析一般是将其简化,取比较重要的施工阶段进行分析。

(1)应力分析

程序中默认单元、荷载、边界的变化均发生在各施工阶段的开始步骤,所以当实际施工过程中有这些条件的变化时,要把该变化时刻定义为一个施工阶段。也就是说,结构体系的变化越多,要定义的施工阶段也就越多。在任意阶段添加(激活)的单元不受前面阶段作用的荷载或应力影响,也就是说,新添加的单元在激活阶段时的内部应力为零。将荷载释放系数为100%的单元删除(钝化)时,钝化掉的单元的内部应力将全部分配给留下的其他单元,从而引起剩余单元的应力发生变化。与此相反,将荷载释放系数为0%的单元删除(钝化)时,钝化掉的单元的内部应力将不分配给剩余的单元。

适当调整荷载释放系数,可以调整分配给剩余单元的应力,从而可以比较真实地模拟应力释放的过程。隧道分析中一般不是一次性完全释放被挖掘掉的单元的应力,而是随着喷锚支护等操作阶段逐渐释放。此时可指定在不同施工阶段的荷载释放系数。MIDAS/GTS 的施工阶段分析采用的是累加模型,即每个施工阶段都继承了上一个施工阶段的分析结果,并累加了本施工阶段的分析结果。也就是说,上一个施工阶段中结构体系与荷载的变化会影响到后续阶段的分析结果。

(2)单元的添加和删除

施工阶段分析中添加的单元的初始应力状态为零,本阶段中将增加相当于增加的单元自重的荷载。土体单元在删除前处于受力状态。假如被删除的单元周边原来作用有荷载时,剩下的单元应通过适当的应力释放,使新生成的自由面不受应力的作用。

(3)位移归零

在施工阶段分析过程中,有时要将位移清零。例如,初始地应力作为初始的荷载条件其位移应为零。MIDAS/GTS 中可以任意指定阶段做位移初始化,这样在需要事先做一些分析(比如地应力的计算、渗流)后再将位移清零的施工阶段分析中非常实用。

(4)土体材料特性的变化

在施工阶段过程中,有时会对地基进行加固或换土处理,土体材料有时也会随时间发生硬化等。在施工阶段分析中遇到这样的问题时需要更换材料的特性。MIDAS/GTS 对施工过程中修改材料特性的次数没有限制。更换材料特性对前面分析阶段的结果没有影响。

采用有限元软件(MIDAS/GTS)对地铁区间叠线隧道盾构法施工相关技术进行数值模拟分析。

1.5.3 现场监控量测

采用了全自动化三维监测方法,其工作原理、精度和监测系统的组成如下:

(1)工作原理

全自动化三维监测系统是由高精度全站仪(徕卡 TCA 系列)自动化观测技术、无线数据通信技术、计算机数据处理技术集成的。该系统主要包括实时态基准网控制测量(含控制网平差功能)、变形点监测。从数据采集到信息发布均为自动化完成,可以在短时间间隔内迅速完成隧道监测并提供数据，是一种真正的无人值守的自动监测系统。

(2)精度

徕卡 TCA 系列全站仪的自动对中、整平等功能解决了列车运行时给仪器带来的振动等因素，以及其本身的高精度(测角精度≤1″，测距精度≤1 mm+1 ppm)均为保证系统奠定了基础。

系统在控制平差计算中采用加尺度参数解算，在变形点坐标解算中采用多重差分技术，最大限度地消除或减弱了多种误差因素。如广州地铁黄沙站自动监测系统监测一年后，精度结果分析 $m_x=\pm 0.13$ mm，$m_y=\pm 0.50$ mm，$m_z=\pm 0.38$ mm，点位精度 $m=\pm 0.64$ mm，均达到了规范对地铁监测的要求。

(3)监测系统组成

自动监测系统的组成主要包括两个部分：一是由监测点、测站点、后视点、基准点等反映变形变位特征的点线面构成监测系统组成部分；二是由监测仪器设备、计算机与监测软件以及信息解调传输装置等硬软件构成监测系统另一组成部分。

第2章　地铁盾构隧道下穿准高速铁路轨道群风险分析

2.1　工程概况

笋岗站～洪湖站区间位于深圳市罗湖区，起始于梅园路，东行下穿宝岗路、彩虹桥西引桥、广深铁路26股道、布吉河、洪湖公园，止于洪湖站。平面图如图2.1－1所示，下穿高速铁路股道如图2.1－2所示。采用盾构法施工，盾构机刀盘直径为6.28 m。

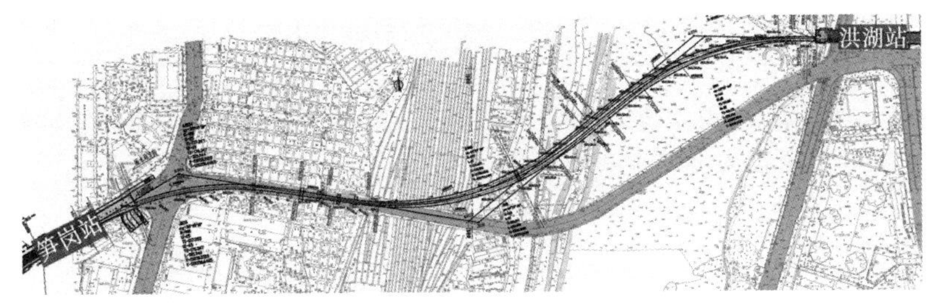

图2.1－1　笋岗站～洪湖站区间平面图

区间右线设计起点里程为DK26＋725.905，区间右线设计终点里程为DK27＋779.996，右线长1 054.091 m；区间左线设计起点里程为左DK26＋725.905，区间左线设计终点里程为左DK27＋780.096，左线长1 053.29 m(短链0.901 m)。区间前400 m为上下重叠隧道，随后左右线隧道逐渐分开，最后重叠到达洪湖站。右线隧道埋深6～17 m，左线隧道埋深14～26 m。

区间左右线路上下重叠方式下穿26股道，自西向东分别为：16道、14道、12道、10道、6道、广深Ⅲ线、Ⅱ线、Ⅰ线、Ⅳ线、5道、7道、9道、11道、13道、15道、17道、19道、21道、23道、25道、27道、29道、

31 道、33 道、35 道、J1 道。盾构隧道区间里程范围为 DK27＋062～DK27＋262，总长约 200 m。

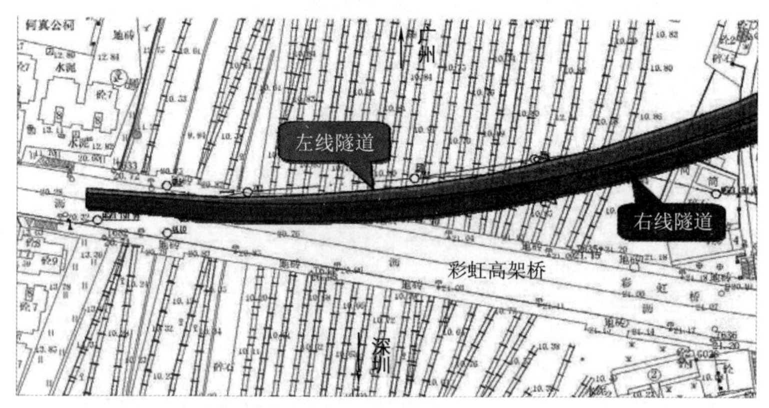

图 2.1－2　下穿铁路平面图

2.2　工程地质与水文地质

1. 工程地质

本区间表覆第四系全新统人工堆积素填土，冲洪积粉质黏土、细砂、砾砂，残积砂质黏性土，下覆震旦系全风化～微风化混合岩。右线地质纵断面如图 2.2－1 所示，左线地质纵断面如图 2.2－2 所示。

根据岩土的时代成因、岩土类别及其工程特征，本场地的地层分为 8 层 27 亚层。

(1)第四系全新统人工堆积层(Q_4^{ml})

按填土填料成分可分为①$_1$、①$_2$、①$_4$、①$_5$ 四个亚层。

①$_1$素填土：褐红色、紫色、灰褐色，稍湿～潮湿，松散～稍密，主要由黏性土组成，局部含砂、碎砖、碎混凝土等建筑垃圾。该层主要分布在右 DK26＋885～DK27＋490 及右 DK27＋540～DK27＋580 区域内，揭露层厚 0.00～5.00 m，层底高程 4.92～16.65 m，层底埋深 0.60～6.10 m。

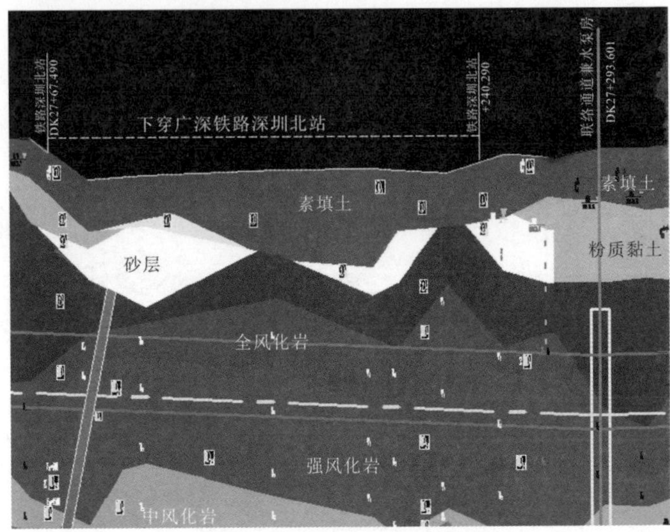

图 2.2-1　右线地质纵断面图

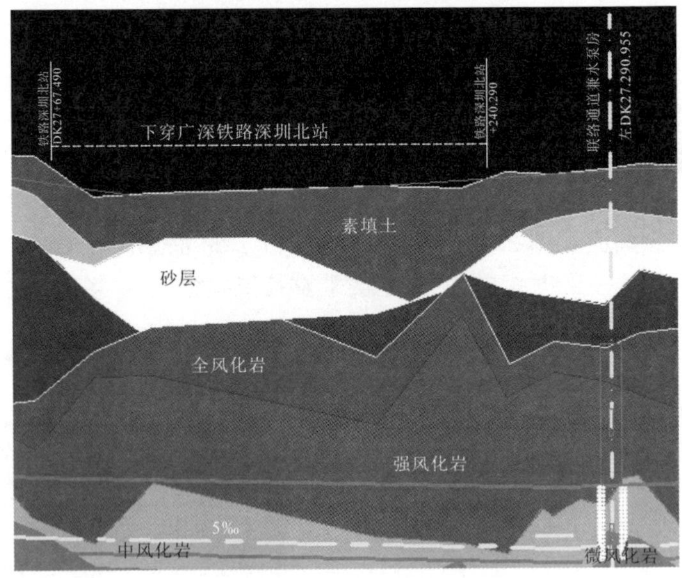

图 2.2-2　左线地质纵断面图

①$_2$素填土(砂):土黄色、灰褐色,松散～稍密,由粗砾砂回填而成,湿。该层在 MGZ3-TSH-30、MGZ3-TSH-35～36、MGZ3-TSH-40、MGZ3-TSH-42、MGZ3-TSH-79 号钻孔有揭露,揭露层厚0.00～4.00 m,层底高程 2.10～11.43 m,层底埋深 1.00～4.00 m。

①$_4$素填土(块石):灰白色、青灰色,稍湿,稍密～中密,主要由混凝土及花岗岩质块石组成,粒径一般 3～15 cm,甚至更大,约含15%～20%的黏性土,混少量砖块。该层仅在 MGZ3-SHH-17、MGZ3-TSH-2、MGZ3-TSH-33～34 及 MGZ3-TSH-39 号钻孔有揭露,揭露层厚 0.00～3.60 m,层底高程 6.83～10.76 m,层底埋深 2.10～6.20 m。

①$_5$杂填土:杂色,稍湿,松散,主要成分为碎砖块、混凝土块等建筑垃圾,含少量黏性土、碎块石及生活垃圾。该层仅在 MGZ3-TSH-14、MGZ3-TSH-31 及 MGZ3-TSH-77～78 号钻孔有揭露,揭露层厚 0.00～5.10 m,层底高程 5.44～13.13 m,层底埋深 1.20～5.10 m。

(2)第四系全新统冲洪积层(Q_4^{al+pl})

按照颗粒级配或塑性指数可分为④$_3$、④$_5$、④$_7$、④$_{10}$、④$_{11}$、④$_{12}$、④$_{13}$七个亚层。

④$_3$淤泥质粉质黏土:灰黑色、深灰色,饱和,流塑,局部软塑,含少量有机质。主要分布在右 DK27+700～DK27+873 区域内,其余零星分布。该土层厚 0.00～3.50 m,层顶高程 6.01～7.76 m,层顶埋深 0.00～4.20 m。实测标准贯入击数为 1～3 击,平均 2.0 击。

④$_5$粉质黏土:灰黄色、深灰色、土黄色,潮湿,软塑～可塑,局部含有机质及砂屑。主要分布在右 DK27+530～DK27+600 区域内,其余零星分布。层厚 0.00～5.30 m,层顶高程 4.11～9.68 m,层顶埋深 0.00～6.20 m。实测标准贯入击数为 9～15 击,平均 11.2 击。

④$_7$粉砂:褐黄色、灰白色,饱和,松散～稍密,级配一般,含约10%的黏性土。仅在 MGZ3-SSG-30 号钻孔有揭露,层厚 2.60 m,层顶高程 5.46 m,层顶埋深 6.50 m。

④$_{10}$粗砂：褐黄色、灰白色，饱和，稍密，级配一般，含约10%的黏性土，偶见卵石夹层。该层仅在MGZ3-TSH-49～50、MGZ3-TSH-52、MGZ3-TSH-77～78号钻孔有揭露。层厚0.00～3.50 m，层顶高程4.30～6.30 m，层顶埋深1.00～3.30 m。实测标准贯入击数为11～17击，平均14.0击。

④$_{11}$砾砂：灰黄色、灰白色，饱和，稍密～密实，含约10%的黏性土，含粒径为1～10 cm的亚圆形混合岩质及石英质卵石、砾石。主要分布在右DK27+860～DK27+960区域内，其余零星分布。层厚0.00～4.50 m，层顶高程2.80～6.46 m，层顶埋深0.00～3.28 m。实测标准贯入击数为13～39击，平均21.3击。

④$_{12}$圆砾：褐黄色、灰白色等，饱和，稍密～密实，含约10%～20%的黏性土，含粒径为2～6 cm的亚圆形石英质卵石。主要分布在右DK27+530～DK27+585及右DK27+730～DK27+845区域内。层厚0.00～4.40 m，层顶高程2.84～5.32 m，层顶埋深2.20～6.60 m。

④$_{13}$卵石：褐黄色、灰白色等，饱和，中密～密实，次棱角状，粒径为2～10 cm，级配一般，含约10%～15%的黏性土及圆砾。该层仅在MGZ3-TSH-49、MGZ3-TSH-60～62、MGZ3-TSH-64、MGZ3-TSH-66、MGZ3-TSH-68、MGZ3-TSH-70～74号钻孔有揭露。层厚0.00～4.10 m，层顶高程−0.60～4.04 m，层顶埋深2.00～7.00 m。

(3)第四系上更新统冲洪积层(Q_3^{al+pl})

⑤$_5$粉质黏土：灰黄色、褐灰色、紫色等，湿，可塑～硬塑。主要分布在右DK27+410～DK27+495及右DK27+610～DK27+690区域内，其余零星分布。层厚0.00～5.30 m，层顶高程2.10～9.56 m，层顶埋深0.00～6.10 m。实测标准贯入击数为7～23击，平均15击。

⑤$_{10}$粗砂：褐黄色、灰白色，饱和，稍密，级配一般，含约10%的黏性土，偶见卵石夹层。该层仅在MGZ3-TSH-37、MGZ3-TSH-39、MGZ3-TSH-41、MGZ3-TSH-53、MGZ3-TSH-55、MGZ2-THS-3号

钻孔有揭露。层厚 0.00～4.00 m,层顶高程 2.79～5.64 m,层顶埋深 0.00～8.00 m。实测标准贯入击数为 10～28 击,平均 18.4 击。

⑤₁₁砾砂:灰黄色、灰白色,饱和,稍密～密实,含约 10%～20%的黏性土及卵石夹层。该层仅在 MGZ3-TSH-31～36、MGZ3-TSH-38、MGZ3-TSH-40、MGZ3-TSH-57～58 号钻孔有揭露。层厚 0.00～5.00 m,层顶高程 3.35～6.72 m,层顶埋深 3.10～6.50 m。实测标准贯入击数为 17～32 击,平均 23.7 击。

⑤₁₃卵石:褐黄色、灰白色等,饱和,中密～密实,次棱角状,粒径为 2～10 cm,级配一般,含约 5%～15%的黏性土及圆砾。该层仅在 MGZ3-TSH-51、MGZ3-TSH-54、MGZ3-TSH-56、MGZ3-TSH-58 号钻孔有揭露。层厚 0.00～3.80 m,层顶高程－0.08～2.86 m,层顶埋深 3.00～8.40 m。

(4)第四系上更新统坡积层(Q_3^{dl})

⑥₂粉质黏土:褐红色、褐黄色、灰白色,稍湿～湿,可塑～硬塑,含约 10%～20%的砂砾。主要分布在右 DK26＋890～DK27＋260 区域内。层厚 0.00～4.50 m,层顶高程 6.78～15.63 m,层顶埋深 0.60～4.80 m。实测标准贯入击数为 11～24 击,平均 16.3 击。

(5)残积层(Q^{el})

⑦₂砂质黏性土:褐灰色、灰黄色,局部褐红色,潮湿,可塑～硬塑,由混合岩风化残积而成,含有约 5%～10%的石英质砾石,局部夹全风化及强风化混合岩夹层。主要在右 DK26＋880～DK27＋750 及右 DK27＋860～DK27＋935 区域内有揭露。层厚 0.00～19.30 m,层顶高程－3.88～11.96 m,层顶埋深 2.80～11.50 m。实测标准贯入击数为 11～42 击,平均 28.9 击;修正击数为 13.3～29.8 击,平均 22.7 击。

(6)震旦系混合岩(Z)

褐灰色、褐灰黄色、灰色、深灰等色,混合结构,块状构造,主要成分为石英、长石及暗色矿物。本次钻探揭露按风化程度可分为⑩₁全风化混合岩、⑩₂₋₁强风化混合岩(土状)、⑩₂₋₂强风化混合岩(块

状)、⑩$_3$中等风化混合岩和⑩$_4$微风化混合岩5个亚层,分述如下:

⑩$_1$全风化混合岩:褐灰黄色、褐灰色,硬质岩类,极破碎,岩体基本质量等级为Ⅴ级,有花岗岩脉侵入,局部夹块状强风化岩夹层。在本区间内大部分的钻孔均有揭露,层厚0.00～22.00 m,层顶高程－15.08～3.21 m,层顶埋深4.00～23.50 m。实测标准贯入击数为37～69击,平均52.1击;修正击数为30.6～48.6击,平均37.9击。

⑩$_{2-1}$强风化混合岩:土状,褐灰色、褐黄色,硬质岩类,极破碎,岩体基本质量等级为Ⅴ级,遇水易崩解,局部夹块状强风化岩夹层。本区间内大部分钻孔有揭露,层厚0.00～20.00 m,层顶高程－26.25～1.96 m,层顶埋深6.20～32.00 m。实测标准贯入击数为65～117击,平均83.6击;修正击数为50.1～66.9击,平均57.5击。

⑩$_{2-2}$强风化混合岩:块状,褐灰色、褐黄色,硬质岩类,极破碎,岩体基本质量等级为Ⅴ级,岩心呈碎块状,夹较多中风化岩块,局部有土状强风化岩夹层。该层主要在右DK27＋310～DK27＋430、右DK27＋480～DK27＋530、右DK27＋840～DK27＋880区域内有揭露,其余零星分布,层厚0.00～11.20 m,层顶高程－25.70～－1.56 m,层顶埋深9.30～32.50 m。

⑩$_3$中等风化混合岩:灰色、深灰色,硬质岩类,破碎～较破碎,岩体基本质量等级为Ⅳ级,风化裂隙发育,沿裂面有铁褐色铁质浸染。本区间内大部分钻孔均有揭露,层厚0.00～7.50 m,层顶高程－15.98～－4.05 m,层顶埋深10.50～43.20 m。

⑩$_4$微风化混合岩:灰色、深灰色,硬质岩类,较破碎～较完整,岩体基本质量等级为Ⅲ级,有少量节理及风化裂隙发育。该层主要在右DK26＋880～DK27＋000及右DK27＋110～DK27＋770有揭露,其余在钻进较深的钻孔亦有揭露,层顶高程－31.05～－5.71 m,层顶埋深12.10～39.20 m。

(7)岩脉

燕山期花岗岩(γ_5^3):肉红色、青灰色、褐黄色、褐红色,细粒结构,块状结构,主要成分为石英、长石及暗色矿物,为岩脉侵入体。按风化程度可分为⑧$_1$全风化花岗岩、⑧$_{2-1}$强风化花岗岩（土状）、⑧$_3$中等风化花岗岩和⑧$_4$微风化花岗岩 4 个亚层，分述如下：

⑧$_1$全风化花岗岩：褐红色、褐黄色，岩心呈土柱状，风化剧烈，除石英矿物外，其他矿物已风化呈土状，钾长石手捏呈粉土、粉砂状，合金易钻进。该层仅在 MGZ3-SHH-17 号钻孔有揭露，揭露层厚为 0.70 m，层顶高程 1.23 m，层顶埋深 11.80 m。

⑧$_{2-1}$强风化花岗岩：土状，褐黄色、灰褐色，风化强烈，结构基本破坏，钾长石手捏呈砂状，岩心多呈砂土状，合金钻进容易。该层仅在 MGZ3-SHH-17 号钻孔有揭露，揭露层厚为 0.70 m，层顶高程 1.23 m，层顶埋深 11.80 m。

⑧$_3$中等风化花岗岩：肉红色、青灰色，细粒结构，块状构造，裂隙较发育，裂隙面有铁质浸染，长石风化变色，沿裂隙面风化程度较深。岩心呈短柱状及块状，需金刚石钻进，锤击声较清脆。该层在 MGZ3-TSH-54、MGZ3-TSH-64、MGZ3-TSH-71、MGZ3-TSH-74、MGZ3-TSH-78、MGZ3-SHH-17 号钻孔均有揭露，揭露厚度为0.00～12.30 m，层顶高程－29.05～－2.27 m，层顶埋深 10.80～34.80 m。

本场地中等风化花岗岩为较软岩，岩心破碎，岩体基本质量等级为Ⅳ级。

⑧$_4$微风化花岗岩：肉红色、灰白色、灰褐色，细粒结构，块状构造，裂隙不发育，顶部裂隙稍发育，裂隙面稍被铁质浸染，岩石断面新鲜，岩心呈短柱状，少数呈碎块，需金刚石钻进。该层于 MGZ3-SHH-17、MGZ3-TSH-3、MGZ3-TSH-44、MGZ3-TSH-62、MGZ3-TSH-64、MGZ3-TSH-73～74、MGZ3-TSH-76、MGZ3-TSH-79 号钻孔均有揭露，揭露厚度为 0.00～12.50 m，层顶高程－25.60～－6.32 m，层顶埋深 12.80～33.30 m。

本场地微风化花岗岩为坚硬岩，岩心较破碎，岩体基本质量等级为Ⅲ级。

(8)构造岩

⑬$_2$强风化碎裂岩：灰绿色，碎裂结构，岩体局部具糜棱岩化，较

破碎，强度相当于强风化岩。于 MGZ3-TSH-51 号钻孔有揭露，揭示厚度 2.50 m，层顶高程－21.14 m，层顶埋深 27.50 m。

根据《中国地震动参数区划图》(GB 18306)，线路通过地区设计地震动峰值加速度值为 0.10g，抗震设防烈度为 7 度。

2. 水文地质

深圳市的气候属海洋性亚热带季风气候，热量丰富，日照时间长，雨量充沛。气候和降雨量随冬、夏季风的转换而变化。每年 5～9 月为雨季。

本场地地下水按赋存条件主要为第四系孔隙水及基岩裂隙水。孔隙水主要赋存在表层人工填土层、冲洪积砂层和残积的砂质黏性土层中，略具承压性；基岩裂隙水赋存于强风化及中等风化岩中，具承压性。勘察期间稳定地下水位埋深 0.10～7.50 m，水位高程－0.14～13.45 m。地下水的排泄途径主要是蒸发，主要补给来源为大气降水。

场地地下水及地表水的总矿化度为 108.195～568.54 mg/L，为淡水。场地环境类型为Ⅰ类，本区间场地地下水在直接临水或强透水层中对钢筋混凝土结构具中等腐蚀，在弱透水层中对钢筋混凝土结构具弱腐蚀；在长期浸水环境下地下水对钢筋混凝土结构中钢筋具微腐蚀，在干湿交替环境下地下水对钢筋混凝土结构中的钢筋具微腐蚀。

2.3 主要难点

(1)叠线处左线在下、右线在上，左线隧道大多数在硬岩中穿越，右线隧道大部分在上软下硬岩层中穿过，微风化岩抗压强度最高达 109 MPa，岩性变化频繁，基岩起伏大。为确保盾构掘进的顺利进行，盾构机破岩能力至少达到 120 MPa 以上。施工工期紧，施工难度大，资源配置(人员、技术等)要求高。通过合理进行盾构设备的选型，既能在土层中掘进，还能在岩石中掘进，以达到或提高掘进工效。盾构掘进参数调整控制、对下线隧道推进后的隧道拱顶范围土体加固及合理配置隧道内钢结构支撑体系等是关键技术难点。

(2)上下叠线隧道施工沉降变形控制标准要求高,下线隧道顶部土体加固及上线隧道施工对下线已完成隧道的稳定性影响是关键技术难点。

(3)线路下穿大量广深铁路线的股道及地下管线,穿越地质情况复杂,周边环境边界条件复杂,变形控制要求高;加固及保护难度大,铁路方面涉及部门多,协调困难。广深铁路线的股道与电气化立柱加固及周边环境土体的加固是关键技术难点。

2.4　安全风险辨识及分析

1. 地质风险

主要的地质风险因素及风险等级见表2.4-1。

表2.4-1　区间主要地质风险因素、风险分析及风险等级

风险类别	风险因素	风险事件	风险评估		
			发生概率	风险后果	风险等级
地质风险	地质起伏较大、上软下硬	盾构机姿态控制难度大	1	C	Ⅰ
	部分隧道进入微风化岩层	掘进困难,刀具磨损严重	3	B	Ⅱ
	残积土及全风化岩黏粒含量高	易结泥饼,黏结刀盘,盾构掘进困难	2	C	Ⅱ
地质风险综合评级:Ⅱ级					

2. 施工风险

主要的施工风险因素及其风险等级详见表2.4-2。

表 2.4－2　区间主要施工风险因素、风险分析及风险等级

风险类别	风险因素	风险事件	风险评估		
			发生概率	风险后果	风险等级
施工风险	上下交叠净距 0.3D～0.7D，D 为外径	对既有隧道产生竖向位移，导致管片开裂、接头张开、漏水，隧道间围岩破坏	2	B	Ⅰ
	盾构换刀	掌子面失稳、漏水，地表下沉大，甚至塌方，施工中存在严重的安全风险	2	B	Ⅰ
施工风险综合评级：Ⅰ级					

3. 环境风险

本区间盾构法隧道主要的环境风险因素及风险等级见表 2.4－3。

表 2.4－3　区间主要环境风险因素、风险分析及风险等级

风险类别	风险因素	风险事件	风险评估		
			发生概率	风险后果	风险等级
环境风险	下穿火车北站站场Ⅰ区	地面沉陷、影响铁路运营	2	B	Ⅰ
环境风险综合评级：Ⅰ级					

4. 施工安全风险评估

根据上述风险因素、风险等级及风险评估，本区间主要的土建安全风险及其风险特点包括：

（1）区间局部地段砂层进入隧道，富水性好，渗透系数大，隧道掘进过程中易产生涌水、涌砂、局部坍塌。

（2）右线穿越砾质黏土、全风化层，含黏土颗粒较多，盾构掘进易结泥饼。

（3）隧道曲线多，局部上软下硬，盾构姿态难以控制。竖向坡度大,易导致电瓶车溜车和盾构机头积水。

(4)端头井地层加固效果难以保证,盾构进出洞易产生涌水、涌砂、坍塌。

(5)盾构机穿越火车北站站场因地质状况不明,可能影响铁路运营。

建立评判对象因素对风险等级的隶属度,采用F统计原理,采用专家打分法确定,笋岗站～洪湖站区间各评判因素对风险等级的隶属度见表2.4-4。

表2.4-4　隶　属　度

评判对象因素	风险等级	Ⅰ	Ⅱ	Ⅲ	Ⅳ
地质风险	Ⅱ级	1/3	2/3	0	0
施工风险	Ⅰ级	2/3	1/3	0	0
环境风险	Ⅰ级	3/4	1/4	0	0

经综合评定,本区间土建工程安全风险总体等级为Ⅰ级,见表2.4-5。

表2.4-5　笋洪区间土建安全风险总体分级

风险类别	地质风险	施工风险	环境风险	施工安全风险
分级	Ⅱ	Ⅰ	Ⅰ	Ⅰ

第 3 章　叠线盾构区间隧道施工技术研究

3.1　施工先后顺序研究

3.1.1　有限元分析模型的建立

隧道力学分析是为了分析土体和与其连接的结构在荷载作用下的响应。由于土体材料特性、地形以及地下水等因素具有不确定性，所以输入条件对分析结果影响较大。同时，土体的构成非常复杂，要想完全真实地模拟土体材料的刚度特性是非常困难的，也是不现实和不经济的。所以在明确分析目的的情况下，适当地简化分析模型是必要的。

1. 材料模型选择

(1)地层采用实体单元，用 Mohr-Coulomb 模型模拟。

(2)管片衬砌采用梁单元，用线弹性模型模拟。

(3)盾构机壳体采用梁单元，用线弹性模型模拟。

(4)注浆材料采用实体单元，用 Mohr-Coulomb 模型模拟。

(5)模型四周边界及下表面采用单向铰支约束，上表面采用自由约束。

2. 有限元模型

该隧道为叠线隧道，隧道净距为 L_2，上隧道埋深为 L_1，为便于计算和规律分析，模型横向取至距隧道轴线 5 倍盾构隧道直径。计算模型横向宽 66 m，高 $L_1+L_2+2D+12$ m，纵向长 1 m。管片厚 0.30 m，混凝土等级为 C50，盾构钢壳厚 0.15 m。具体整体模型及网格划分如图 3.1-1 所示。

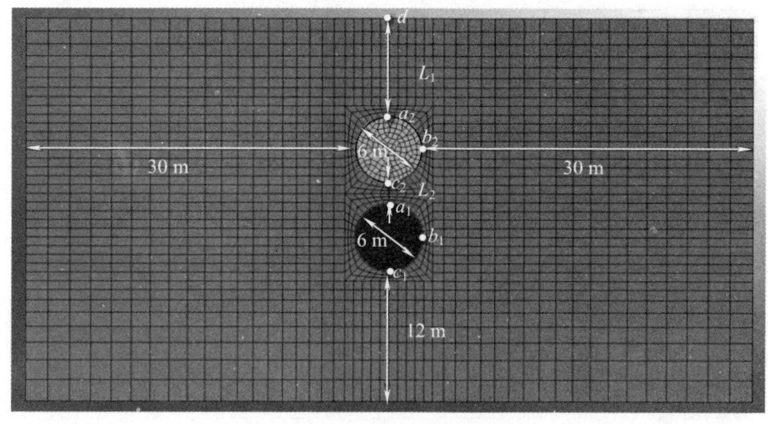

图 3.1-1　叠线隧道计算模型

3. 施工过程模拟

根据埋深对叠线隧道施工的影响和间距对叠线隧道施工的影响，分别控制参数 L_1 和 L_2，进行多组模型计算。

(1)“先下后上”施工模拟

步骤 1：改变 L_1 和 L_2 参数，建立计算模型；

步骤 2：计算初始应力场；

步骤 3：开挖下隧道毛洞；

步骤 4：下隧道盾构自重加载；

步骤 5：下隧道施加管片支护并注浆；

步骤 6：开挖上隧道毛洞；

步骤 7：上隧道盾构自重加载；

步骤 8：上隧道施加管片支护并注浆；

步骤 9：调取计算结果，进行后处理。

(2)“先上后下”施工模拟

步骤 1：改变 L_1 和 L_2 参数，建立计算模型；

步骤 2：计算初始应力场；

步骤 3:开挖上隧道毛洞;

步骤 4:上隧道盾构自重加载;

步骤 5:上隧道施加管片支护并注浆;

步骤 6:开挖下隧道毛洞;

步骤 7:下隧道盾构自重加载;

步骤 8:下隧道施加管片支护并注浆;

步骤 9:调取计算结果,进行后处理。

3.1.2 计算断面选择及计算组数

对地铁区间叠线隧道施工先后顺序进行数值模拟分析,其计算断面的选择和计算组数如下:

地铁区间叠线隧道盾构法施工先后顺序及盾构掘进相互影响数值模拟,共选择了 4 个断面,钻孔号分别为 MG23-TSH-1(12.41)、MG23-TSH-4(12.74)、QL2(16.16)、QL5(16.33)。每个断面计算多组,包括加固前先下后上和先上后下 2 组,由于加固参数需要试算,中间地层加固后的若干组,最后仅列出满足要求的一组计算参数和计算结果。

计算断面 1 上隧道埋深 11 m,隧道间距 2.2 m;计算断面 2 上隧道埋深 13 m,隧道间距 2.6 m;计算断面 3 上隧道埋深 14 m,隧道间距 3.1 m;计算断面 4 上隧道埋深 15 m,隧道间距 3.5 m。

3.1.3 计算参数

盾构壳体、管片结构和注浆材料的参数见表 3.1-1。管片的弹性模量因拼装缝隙而进行了刚度折减,折减系数为 0.7。盾构壳体仅模拟了重量,其刚度为了避免不出现刚度集中而采用了管片的刚度,因刚度差异太大会导致计算不收敛。

地铁区间叠线隧道所计算的 4 个断面参数分别见表 3.1-2~表 3.1-5。

表 3.1-1　盾构壳体、管片结构和注浆材料参数

项　目 \ 参　数	容重 γ (kN/m³)	弹性模量 E (MPa)	泊松比 μ	内摩擦角 φ (°)	黏聚力 c (kPa)	厚度 (cm)
盾构	78	24 150	0.2	—	—	15
注浆材料	18.5	10	0.38	15	15	15
管片	25	24 150	0.2	—	—	30

表 3.1-2　计算断面 1 材料参数

地　层 \ 参　数	容重 γ (kN/m³)	弹性模量 E (MPa)	泊松比 μ	内摩擦角 φ (°)	黏聚力 c (kPa)	厚度 (m)
砂质黏性土	19	20	0.33	26	40	13
全风化地层	19.2	30	0.31	28	50	7.8
全风化地层(加固夹层)	23	990	0.24	36	200	8.2
强风化地层	21	50	0.29	32	70	7
中风化地层	22	80	0.25	35	100	4
微风化地层	25	100	0.22	40	400	3

表 3.1-3　计算断面 2 材料参数

地　层 \ 参　数	容重 γ (kN/m³)	弹性模量 E (MPa)	泊松比 μ	内摩擦角 φ (°)	黏聚力 c (kPa)	厚度 (m)
砂质黏性土	19	20	0.33	26	40	16
全风化地层(加固夹层)	23	2 100	0.24	36	300	8.2
全风化地层	19.2	30	0.31	28	50	9
强风化地层	21	50	0.29	32	70	1.2
中风化地层	22	80	0.25	35	100	1.54
微风化地层	25	100	0.22	40	400	10.3

表 3.1－4　计算断面 3 材料参数

地层＼参数	容重 γ (kN/m³)	弹性模量 E (MPa)	泊松比 μ	内摩擦角 φ (°)	黏聚力 c (kPa)	厚度 (m)
砂质黏性土	19	20	0.33	26	40	16
全风化地层	19.2	30	0.31	28	50	1
全风化地层(加固夹层)	23	480	0.24	36	100	9.1
强风化地层	21	50	0.29	32	70	6.8
中风化地层	22	80	0.25	35	100	10.1

表 3.1－5　计算断面 4 材料参数

地层＼参数	容重 γ (kN/m³)	弹性模量 E (MPa)	泊松比 μ	内摩擦角 φ (°)	黏聚力 c (kPa)	厚度 (m)
砂质黏性土	19	20	0.33	26	40	17.2
全风化地层	19.2	30	0.31	28	50	0.8
全风化地层(加固夹层)	23	480	0.24	36	100	9.5
强风化地层	21	50	0.29	32	70	1.6
中风化地层	22	80	0.25	35	100	2.4
微风化地层	25	100	0.22	40	400	11.5

3.1.4　四个断面计算结果

四个断面的位移和管片内力计算结果见附表 1－1～附表 1－8，超过不同量值地表沉降宽度见附表 1－9。断面 1 的计算内力和变形图如图 3.1－2～图 3.1－13 所示。

3.1.5　相同断面不同施工顺序计算结果比较分析

1. 地表沉降量值及宽度

由相同计算断面“先下后上”和“先上后下”不同施工顺序的竖向位移随施工步骤的变化规律可以看出：

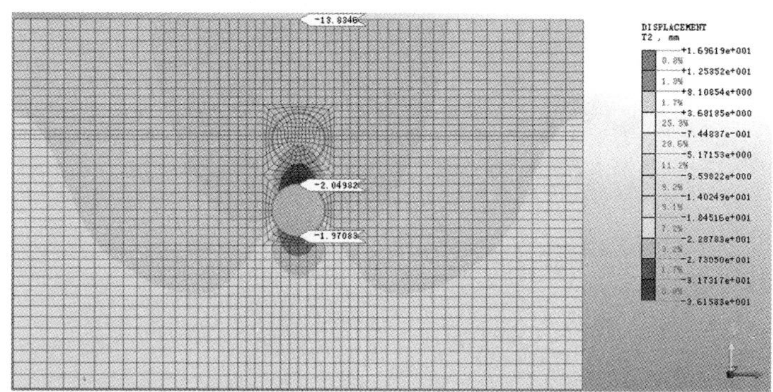

图 3.1-2　下隧道施加管片和注浆后位移云图(先下后上)

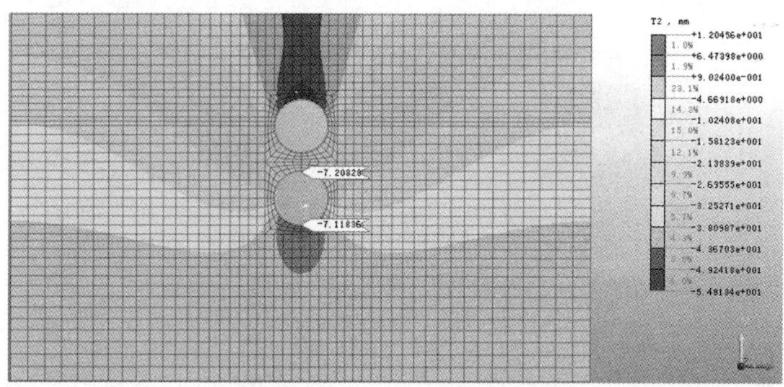

图 3.1-3　上隧道施加管片和注浆后位移云图(先下后上)

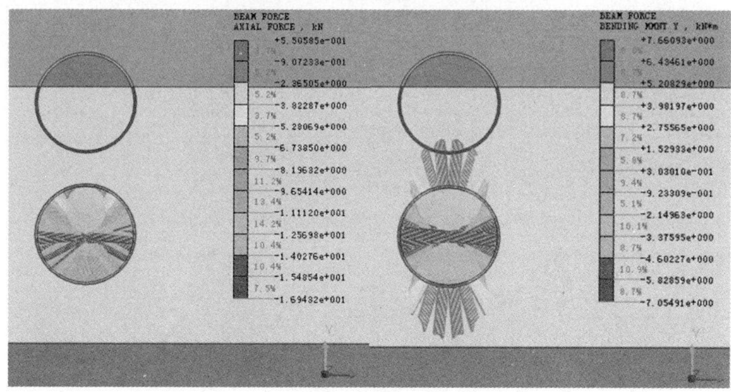

图 3.1-4　下隧道施加管片和注浆后轴力和弯矩(先下后上)

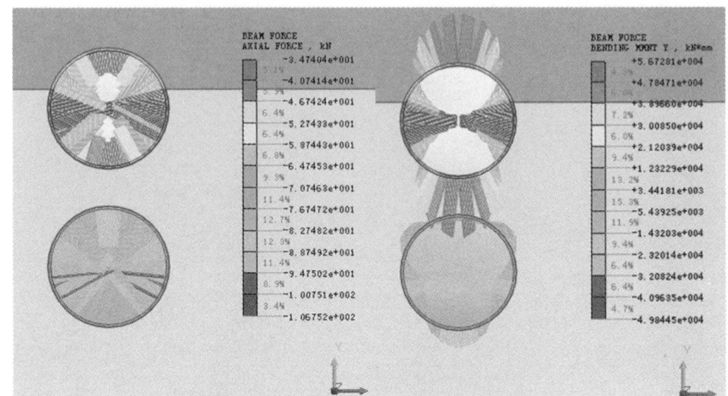

图 3.1－5　上隧道施加管片和注浆后轴力和弯矩(先下后上)

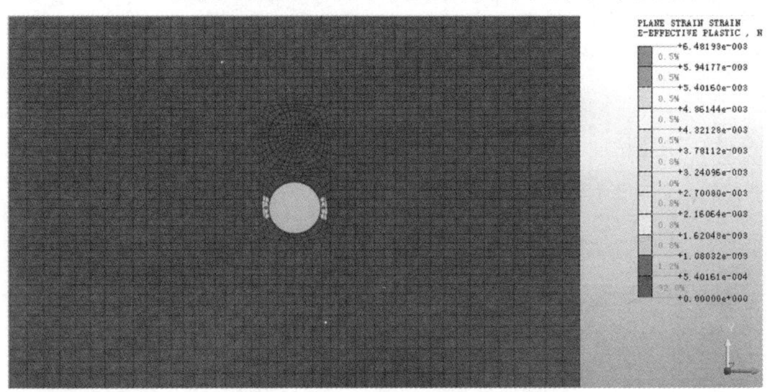

图 3.1－6　下隧道施加管片和注浆后塑性区(先下后上)

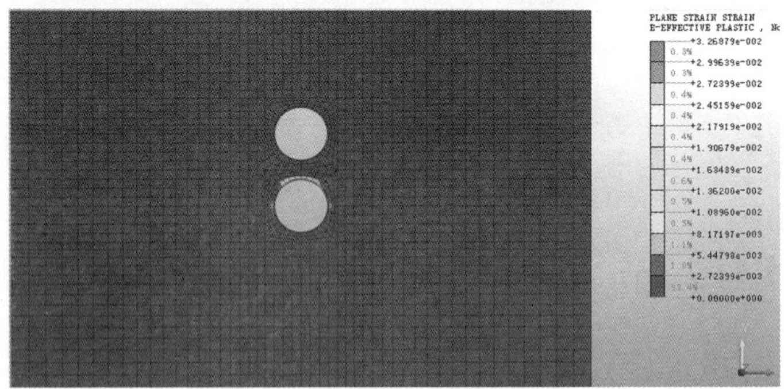

图 3.1－7　上隧道施加管片和注浆后塑性区(先下后上)

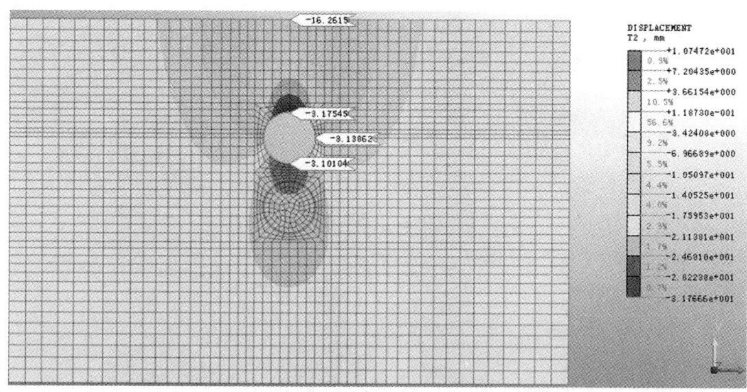

图 3.1－8　上隧道施加管片和注浆后位移云图(先上后下)

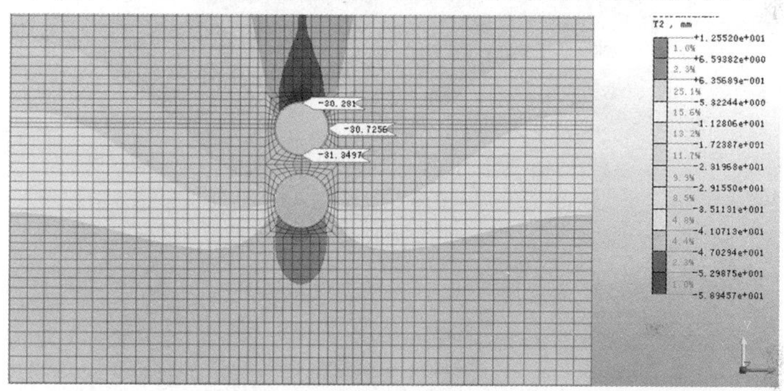

图 3.1－9　下隧道施加管片和注浆后位移云图(先上后下)

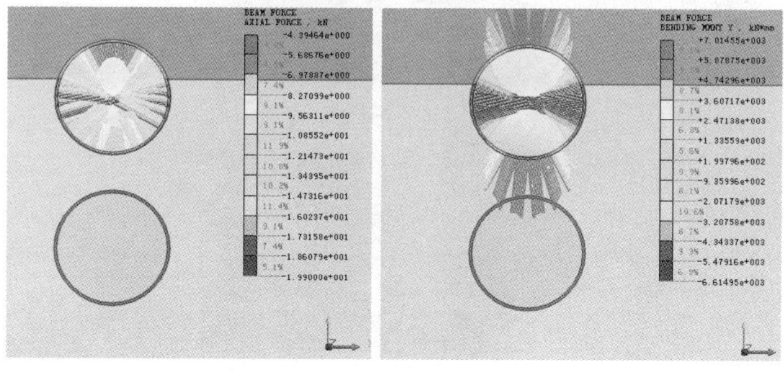

图 3.1－10　上隧道施加管片和注浆后轴力和弯矩(先上后下)

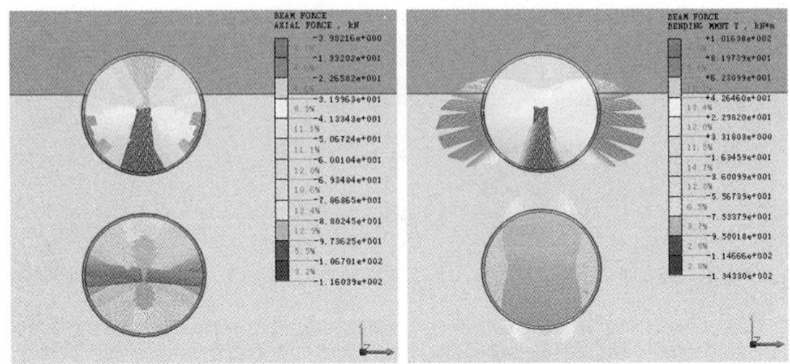

图 3.1-11　下隧道施加管片和注浆后轴力和弯矩(先上后下)

图 3.1-12　上隧道施加管片和注浆后塑性区(先上后下)

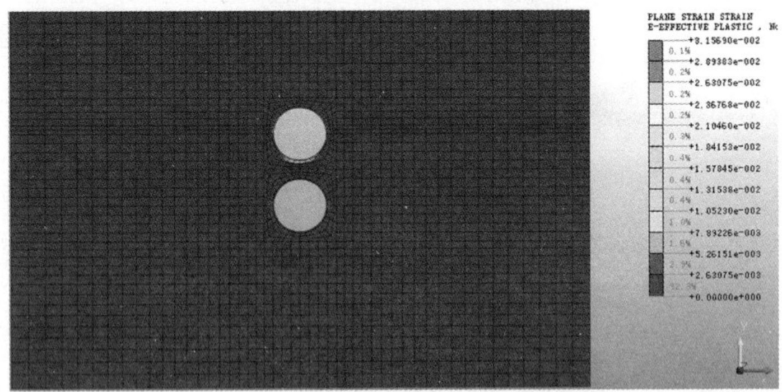

图 3.1-13　下隧道施加管片和注浆后塑性区(先上后下)

(1)地表沉降在先施工的隧道完成后,随着后施工隧道的开挖、盾构通过、支护、注浆,围岩应力逐渐释放,地表沉降也逐渐增大,最大沉降处为隧道拱顶上方,其沉降量达到 1.95～3.19 cm,接近或超过了地表沉降控制值(3 cm)。

(2)“先下后上”先进行的下隧道施工引起的地表沉降比“先上后下”先进行的上隧道施工引起的地表沉降量要小,小的量值为 3～8 mm;同一施工顺序下上隧道施工引起地表沉降值大于下隧道施工引起地表沉降值,见表 3.1－6,最大达到了 8.3 mm;对于上下隧道施工引起的地表沉降差值,“先上后下”施工比“先下后上”施工引起的要大,大 1.5～3.5 mm 左右。

表 3.1－6　不同施工顺序上下隧道施工引起的地表最大沉降

(单位:mm)

不同施工顺序 \ 断面		断面 1	断面 2	断面 3	断面 4
先下后上	上隧道	−13.658	−15.659 8	−12.464 5	−13.171 6
	下隧道	−13.834 6	−13.552 5	−8.516 42	−6.357 3
	上－下(*A*)	0.176 64	−2.107 28	−3.948 05	−6.814 29
先上后下	上隧道	−16.261 6	−18.699 8	−14.018 3	−14.568 6
	下隧道	−13.438 4	−13.165 3	−8.443 45	−6.265 29
	上－下(*B*)	−2.823 12	−5.534 46	−5.574 81	−8.303 34
B−*A*		−2.999 76	−3.427 18	−1.626 76	−1.489 05

(3)相同断面不同施工顺序条件下,“先上后下”比“先下后上”引起的地表总的沉降要大 1～3 mm,虽然大的量值不是太多,但当“先下后上”施工引起的地表沉降接近控制值(3 cm)时,“先上后下”施工引起的地表沉降就会超过这个控制值。

(4)对于先施工隧道引起的相同地表沉降量值的宽度,下隧道比上隧道要大,达到了 6～8 m;上隧道施工引起的 3 mm 沉降最大宽度为 20 m,为隧道直径 6 m 的 3.3 倍;下隧道施工引起的 3 mm 沉降最大宽度为 23.6 m,为隧道直径 6 m 的 4 倍左右。

(5)重叠隧道第二条隧道施工完成后,不同顺序下引起的地表最终沉降宽度都基本相同,3 mm 沉降的最大宽度为 27.8 m,为隧道直径 6 m 的 4.6 倍左右。因此,在不加固条件下,叠线隧道施工引起的地表沉降范围为 30 m,是隧道直径 6 m 的 5 倍,处于这个范围以外的建(构)筑物,不受其施工的影响。

(6)后施工隧道引起的地表沉降宽度增加比较大,为 3～8 m;但"先上后下"(增加量为 7～8 m)比"先下后上"(增加量为 3～5 m)引起的增加量要大,大 3～4 m 左右。

2. 后施工隧道对先施工隧道管片结构位移的影响

(1)在叠线隧道施工中,后施工隧道对先施工隧道管片结构位移的影响主要为竖向位移,而横向位移相当小,均小于 1 mm。

(2)"先上后下"中后施工下隧道引起的上隧道管片位移比"先下后上"中后施工上隧道引起的下隧道管片位移要大很多,上隧道拱底沉降为 11.8～21.0 mm,下隧道拱顶隆起为 1.9～4.9 mm;"先下后上"均远小于规定的 10 mm,而"先上后下"均大于规定的 10 mm,必须进行中间地层加固处理。

(3)"先下后上"开挖上隧道毛洞过程中,下隧道由之前的沉降逐渐向上隆起,最大隆起发生在下隧道拱顶处,隆起量为 1.3～2.9 mm;"先上后下"开挖下隧道毛洞过程中,上隧道沉降比较大,最大沉降发生在上隧道拱底处,沉降量为 12.7～21.7 mm。说明最大的位移发生在第二个隧道毛洞开挖阶段,尤其是"先上后下"施工顺序中。

(4)"先下后上"施工顺序中上隧道盾构通过时,由于盾构机自重的影响,下隧道由上阶段的隆起再次沉降;"先上后下"施工顺序中下隧道盾构通过时,由于盾构机自重的影响,上隧道再次沉降。不过沉降量都很小,因盾构重量引起的沉降均在 3 mm 以内。

(5)重叠隧道不同的施工顺序得出的竖向位移云图与常规隧道开挖的竖向位移云图有相同的沉降规律,只是后开挖的隧道对已开挖隧道的影响更大，特别是“先上后下”的施工顺序，且要求更为严格，必须控制在 10 mm 以内，位移云图中均出现比较明显的漏斗状沉降。

3. 管片内力

(1)不论施工顺序是“先下后上”还是“先上后下”，先施工的隧道完成后，管片结构的弯矩和轴力都比较小。

(2)在“先下后上”中，上隧道施工对下隧道管片结构的内力产生了很大的影响，弯矩达到了 96.5～119.4 kN·m，最大弯矩发生在上隧道毛洞开挖阶段，位置在下隧道的拱顶处；在“先上后下”中，下隧道施工对上隧道管片结构的内力产生的影响更大，弯矩达到了 162.1～177.4 kN·m，最大弯矩发生在下隧道管片拼装后，位置在上隧道的拱底处。后施工隧道对先施工隧道管片结构内力的影响，“先上后下”比“先下后上”要大 50%～60%。

(3)在“先下后上”中，随着上隧道施工的进行，下隧道管片的内力逐渐减小；在“先上后下”中，随着下隧道施工的进行，因围岩应力的不断释放，导致上隧道管片的内力继续增大。

(4)不论施工顺序是“先下后上”还是“先上后下”，弯矩在隧道拱顶和仰拱处为正弯矩(内侧受拉)，两侧水平处为负弯矩(外侧受拉)，轴力为受压；但因上隧道施工的卸载作用、下隧道施工中围岩应力的不断释放，导致轴力在施工中也有出现受拉的情况，主要发生在上隧道管片水平处。

(5)总体上，“先下后上”时上隧道施工对下隧道产生的内力在管片结构能够承受的范围内，不会导致已建好的下隧道管片结构开裂，满足承载能力极限状态；“先上后下”时下隧道施工对上隧道产生的内力相当大，超出了管片结构的抗拉强度设计值，将会导致已建好的上隧道管片结构开裂，这主要是因为下隧道施工引起了上隧道较大的沉降变形，故必须对上下隧道间夹层土体进行加固，提高其强度，从而控制沉降变形以减小内力的较大增加。

4. 塑性区

(1)先施工的隧道完成时,塑性区主要在隧道左右两侧,且塑性区范围和半径均比较小;"先上后下"时其塑性区范围比"先下后上"下隧道完成时的塑性区要小,半径差不多。

(2)后施工的隧道对上下隧道间地层的进一步扰动导致先修隧道左右两侧的塑性区减小,而在先修隧道的拱部或者底部出现了塑性区,其塑性区范围和半径相对也比较小;"先上后下"上隧道左右两侧的塑性区减小,并向拱部移动。

(3)不论施工顺序是"先下后上"还是"先上后下",随着后施工隧道的进行,对先修隧道塑性区的影响比较小,塑性区主要出现在后施工隧道开挖的瞬间。

(4)对于"先下后上",后施工的上隧道本身没有出现塑性区;对于"先上后下",后施工的下隧道本身出现了塑性区。

3.1.6 不同埋深计算结果比较分析

1. 地表沉降量值及宽度

对于"先下后上"和"先上后下"的施工顺序,不同埋深条件下地表沉降量值变化见表 3.1-7、表 3.1-8。其比较分析如下:

表 3.1-7 不同埋深条件下"先下后上"引起的地表沉降量值

(单位:mm)

计算断面	断面 1	断面 2	断面 3	断面 4
埋深	11 m	13 m	14 m	15 m
下加管片	−13.834 6	−13.552 5	−8.516 42	−6.357 3
开挖上毛洞	−21.421	−24.304	−17.755	−16.930
上盾构	−25.465	−27.699	−19.886	−18.671
上管片,注浆	−27.493	−29.212	−20.981	−19.529
开挖第二个毛洞的增量	−7.586	−10.751	−9.238	−10.573
第二隧道完成时的增量	−13.658	−15.660	−12.464	−13.172
第二隧道修建中的增量	−6.072	−4.909	−3.226	−2.598

表3.1-8　不同埋深条件下“先上后下”引起的地表沉降量值

(单位:mm)

计算断面	断面1	断面2	断面3	断面4
埋深	11 m	13 m	14 m	15 m
上加管片	−16.262	−18.700	−14.018	−14.569
开挖下毛洞	−26.751	−30.620	−21.303	−20.489
下盾构	−28.718	−31.505	−22.081	−20.661
下管片,注浆	−29.700	−31.865	−22.462	−20.834
开挖第二个毛洞的增量	−10.489	−11.920	−7.285	−5.920
第二隧道完成时的增量	−13.438	−13.165	−8.443	−6.265
第二隧道修建中的增量	−2.949	−1.245	−1.159	−0.345

(1)不同施工顺序条件下,随着隧道施工的进行,引起的地表最大沉降值增加,第二个隧道毛洞开挖引起的增量比后续施工引起的增量要大得多,“先上后下”引起的总的地表沉降量值比“先下后上”的要大。

(2)当埋深小于盾构隧道直径的2倍(12 m)时,随着埋深的增加,地表沉降量增加,“先上后下”的地表最大沉降量比“先下后上”的增加要多。

(3)当埋深大于盾构隧道直径的2倍(12 m)时,随着埋深的增加,地表沉降量减小,其减小的量值随埋深的增加而减小,且减小的幅度比较大,“先上后下”的地表最大沉降量比“先下后上”的减小要大。

(4)对于相同沉降量值在上下叠线隧道修建完成后的地表沉降宽度,当埋深小于盾构隧道直径的2倍(12 m)时,地表沉降宽度随着埋深的增加而增加;当埋深大于盾构隧道直径的2倍(12 m)时,地表沉降宽度随着埋深的增加而减少,并且其减小的量值也在减小。

2. 后施工隧道对先施工隧道管片结构位移的影响

不同埋深下后施工隧道对先完成隧道管片拱顶和拱底引起的竖

向位移见表 3.1－9,其变化情况如下:

表 3.1－9 不同埋深下后施工隧道对先完成隧道管片拱顶和拱底的竖向位移

(单位:mm)

施工顺序 断面	先下后上(下隧道管片拱顶)		先上后下(上隧道管片拱底)	
	开挖上毛洞	开挖第二个毛洞的增量	开挖下毛洞	第二隧道完成时的增量
断面 1	2.86	4.91	－19.023	－20.073
断面 2	2.072	3.155	－21.654	－21.038
断面 3	1.751	2.786	－14.51	－14.536
断面 4	1.261	1.871	－12.694	－11.850

(1)对于“先下后上”施工顺序,后施工隧道对先完成隧道管片结构引起的位移最大发生在第二隧道毛洞开挖阶段,随着埋深的增加,其位移减小。这是由于不论上隧道的埋深多少(从 11 m 到 15 m),下隧道皆为深埋隧道,故随着埋深的增加,其位移减小。

(2)对于“先上后下”施工顺序,后施工隧道对先完成隧道管片结构引起的位移最大发生在第二隧道完成阶段,随着埋深的增加,其位移先增加后减小。这是由于当埋深小于盾构隧道直径的 2 倍(12 m)时,上隧道属于浅埋隧道,随着埋深的增加,其位移增加;当埋深大于盾构隧道直径的 2 倍(12 m)时,上隧道属于深埋隧道,随着埋深的增加,其位移减小;随着埋深的增加,减小的量值也在减小。

(3)当埋深大于盾构隧道直径的 2 倍(12 m)时,不论施工顺序是“先下后上”还是“先上后下”,随着埋深的增加,其位移都减小,且“先上后下”时的减小量值要大。

3. 管片内力

不同深度、不同施工顺序条件下管片最大弯矩和对应的轴力见表 3.1－10,其变化情况如下:

(1)“先下后上”施工顺序,先修的下隧道管片结构最大弯矩发生在后修的上隧道毛洞开挖阶段,其位置在下隧道管片拱顶;“先上后下”施工顺序，先修的上隧道管片结构最大弯矩发生在后修的下隧道完成阶段，其位置在上隧道管片拱底。不论哪种施工顺序，其最大弯矩都为正弯矩（管片内侧受拉、外侧受压），且其最大弯矩比对应的轴力大很多；“先上后下”时上隧道管片最大弯矩比“先下后上”下隧道的要大 40%～70%。

（2）“先下后上”施工顺序，先修的下隧道管片结构最大弯矩随着埋深的增加，先增加后减小，其相应轴力的量值也是先增加后减小；埋深小于 12 m 时内力随埋深的增加而增加，埋深大于 12 m 时内力随埋深的增加而减小；最大弯矩减小的量值随深度的增加而减小。

（3）“先上后下”施工顺序，先修的上隧道管片结构最大弯矩随着埋深的增加，总体呈减小趋势，超出了管片结构的抗拉强度设计值，将会导致已建好的上隧道管片结构开裂。

表 3.1－10　不同埋深、不同施工顺序条件下管片结构最大弯矩和对应的轴力

施工顺序 / 计算断面	先下后上（下隧道管片拱顶）		先上后下（上隧道管片拱底）	
	最大弯矩（kN·m）	相应轴力（kN）	最大弯矩（kN·m）	相应轴力（kN）
断面 1	105.133	－27.550	174.164	－83.302
断面 2	119.406	－31.651	166.080	－73.722
断面 3	104.704	－20.943	177.422	－101.842
断面 4	96.487	－7.124	162.102	－94.668

4. 塑性区

（1）对于“先下后上”施工顺序，随着隧道埋深的增加，先修建的下隧道两侧塑性区减小，但是上隧道施工对上下隧道间的夹层扰动比较大，因而产生了较大的塑性区，上隧道本身围岩不产生塑性区。

（2）对于“先上后下”施工顺序，随着隧道埋深的增加，先修建的上隧道两侧塑性区减小，但是下隧道施工对上下隧道间的夹层扰动比较大，因而产生了较大的塑性区，隧道埋深 14 m 以上时下隧道本身围岩也不产生塑性区。

(3)随着隧道埋深的增加,中间夹层的塑性区主要出现在后施工隧道开挖的瞬间,因盾构施工导致塑性区范围整体比较小。

3.1.7 不同上下隧道净距计算结果比较分析

采用断面埋深大于 12 m 的全部为深埋的 3 个断面的计算结果进行分析,其上下隧道间净距分别为 2.6 m、3.1 m、3.5 m。

1. 地表沉降量值及宽度

(1)随着上下隧道间净距的增加,不论施工顺序是"先上后下"还是"先下后上",引起的地表沉降量减小,其减小的量值随净距的增加而减小,"先上后下"的地表最大沉降量比"先下后上"的减小要大。

(2)对于相同沉降量值在上下叠线隧道修建完成后的地表沉降宽度,其随着上下隧道间净距的增加而减少,并且其减小的量值亦随净距的增加而减小。

2. 后施工隧道对先施工隧道管片结构位移的影响

(1)对于"先下后上"施工顺序,后施工隧道对先完成隧道管片结构引起的位移最大发生在第二隧道毛洞开挖阶段,随着上下隧道间净距的增加,其位移减小。

(2)对于"先上后下"施工顺序,后施工隧道对先完成隧道管片结构引起的位移最大发生在第二隧道完成阶段,随着上下隧道间净距的增加,其位移减小。

(3)不论施工顺序是"先下后上"还是"先上后下",随着上下隧道间净距的增加,位移减小的量值也在减小,且"先上后下"时的减小量值要大。

3. 管片内力

(1)"先下后上"施工顺序,先修的下隧道管片结构最大弯矩随着上下隧道间净距的增加而减小,其相应轴力的量值也是先增加后减小,且最大弯矩减小的量值随净距的增加而减小。

(2)"先上后下"施工顺序,先修的上隧道管片结构最大弯矩随着上下隧道间净距的增加,总体呈减小趋势,超出了管片结构的抗拉强度设计值，将会导致已建好的上隧道管片结构开裂。

4. 塑性区

(1)对于“先下后上”施工顺序，随着上下隧道间净距的增加，先修建的下隧道两侧塑性区减小，在下隧道拱顶产生了较大的塑性区，上隧道本身围岩不产生塑性区。

(2)对于“先上后下”施工顺序，随着上下隧道间净距的增加，先修建的上隧道两侧塑性区减小，在上隧道底部产生了较大的塑性区，下隧道本身围岩趋于不产生塑性区。

(3)随着上下隧道间净距的增加，中间夹层的塑性区主要出现在后施工隧道开挖的瞬间，因盾构施工导致塑性区范围整体比较小。

3.1.8 小　　结

(1)“先上后下”施工比“先下后上”施工引起的地表总的沉降要大 1～3 mm；而地表最终沉降宽度都基本相同，沉降量 3 mm 以上的达到了 30 m，是隧道直径 6 m 的 5 倍，沉降量 5 mm 以上的达到了 23 m，沉降量 10 mm 以上的达到了 18 m，根据不同的建(构)筑物处于不同的范围判断是否满足沉降控制的要求，并提出相应的加固处理措施。

(2)不同施工顺序得出的位移与常规盾构隧道有相同的漏斗状沉降规律，只是后施工的隧道对已完成的隧道结构竖向位移影响大，而横向位移相当小(均小于 1 mm)；因盾构机自重的影响导致先修隧道再次沉降量很小(均在 3 mm 以内)；“先上后下”中下隧道拱顶隆起量为 1.9～4.9 mm，均远小于规定的 10 mm，“先下后上”中上隧道拱底的沉降量为 11.8～21.0 mm，均超过了控制值 10 mm，必须进行中间地层加固处理。

(3)先施工的隧道完成后管片结构的弯矩和轴力都比较小，第二条隧道的施工对先完成隧道管片结构的内力产生了很大的影响，且“先上后下”比“先下后上”大 50%～60%；“先下后上”时产生的内力在管片结构能够承受的范围内，而“先上后下”产生的内力相当大，必须对上下隧道间夹层土体进行加固；弯矩在隧道拱顶和仰拱处为正弯矩，两侧水平处为负弯矩，轴力主要为受压。

(4)先施工的隧道完成时，塑性区主要在隧道左右两侧，后施工的隧道导致先修隧道左右两侧的塑性区减小，而在先修隧道的拱部或者底部出现了塑性区；总体上后隧道施工对先修隧道塑性区的影响比较小，主要出现在隧道开挖的瞬间，因盾构施工导致塑性区范围整体比较小。

(5)随着埋深的增加，地表沉降量及宽度、“先上后下”施工引起的上隧道管片结构位移、“先下后上”施工引起的下隧道管片结构内力先增加(埋深小于 12 m)后减小(埋深大于 12 m)，减小的量值也在减小；“先下后上”时因深埋，管片结构的位移都在减小，“先上后下”时上隧道管片结构内力总体呈减小趋势，超出了管片结构的抗拉强度设计值；塑性区的变化不大，仅埋深 14 m 以上时下隧道本身围岩不产生塑性区。

(6)随着上下隧道间净距的增加，后施工隧道对先完成隧道管片结构引起的位移、引起的地表沉降量及宽度、“先下后上”中管片结构内力减小，其减小的量值也减小；“先上后下”时上隧道管片结构内力总体呈减小趋势，超出了管片结构的抗拉强度设计值；塑性区的变化不大，下隧道本身围岩趋于不产生塑性区。

(7)综合比较施工引起的地表沉降量及宽度、后隧道施工引起的先完成隧道管片结构位移和内力以及产生的塑性区后，得出“先下后上”明显优于“先上后下”的施工顺序。

(8)对于“先下后上”施工顺序，地表最大沉降量均小于控制值(3 cm)，后施工的隧道对已完成的下隧道管片结构竖向位移均小于控制值(10 mm)，产生的内力在管片结构能够承受的范围内，在上隧道施工时下隧道内不用施作内支撑来承担盾构机的重量，来保护管片在盾构机的重力作用下产生较大的变形和开裂。

(9)对于“先上后下”施工顺序，地表最大沉降量有一个断面大于控制值(3 cm)，但大得不多，后施工的隧道对已完成的上隧道管片结构竖向位移均大于控制值(10 mm)，甚至超过了控制值的2倍，产生的内力超出了管片结构的抗拉强度设计值，将会导致已建好的上隧道管片结构开裂，必须对上下隧道间夹层土体进行加固。

(10)不论施工顺序是“先下后上”还是“先上后下”，均需对叠线段上下盾构隧道管片加强钢筋配置，以满足重叠施工内力的增加。

3.2　中间夹层土体加固技术研究

3.2.1　上下重叠隧道中间夹层加固设计

笋洪区间线路出笋岗站后左右线隧道在站端附近竖向净间距为2 m，在线路中段逐渐加大，最大竖向净间距为4.0 m，随后左右线隧道竖向净间距变小，以竖向净间距2 m到达洪湖站。区间左右线隧道在笋岗站端(DK26＋725.905～DK27＋230)上下重叠，重叠长度504.095 m，对应管片拼装环号为366～702，共计336环；洪湖站端(DK27＋620～DK27＋779.996)上下重叠，重叠长度159.996 m，对应管片拼装环号为1～107，共计107环。

该区间盾构隧道为小净距重叠隧道，左右线隧道间夹持土层厚度较小(2～4 m)，受开挖扰动影响大，地层承载力不足，上洞隧道施工过程中极易引发下洞隧道变形，严重影响已完成隧道的稳定性。同时，下层隧道施工时，将不可避免地扰动其上部地层，导致地层强度显著下降、透水性增高，大大增加了右线隧道的施工风险。

尤其是在“先上后下”施工中，下隧道施工对上隧道的影响相当大，因此必须进行隧道间夹持土体的加固。叠线隧道中间夹层加固如图3.2－1所示，竖向为上下隧道中心范围，水平为隧道两侧3～5 m。

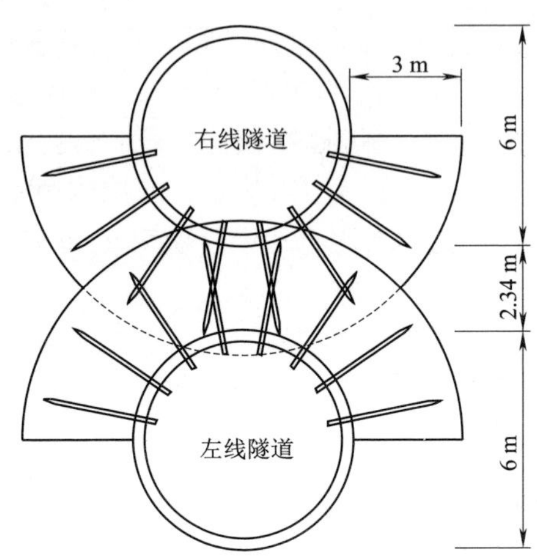

图 3.2-1 叠线隧道中间夹层加固

3.2.2 不同计算断面需要满足的加固参数

对"先上后下"施工顺序的 4 种地质断面，就上下隧道间夹层加固后参数的提高进行了多组试算，最后得出满足地表沉降(小于 3 cm)和后施工隧道引起先施工隧道管片结构总位移控制标准(小于 10 mm)的地层加固参数，见表 3.2-1。其中，对于后施工隧道对已完成隧道管片结构产生的较大内力，可通过加强叠线段盾构隧道管片钢筋的配置来解决。

表 3.2-1 地层(加固后)材料参数

断面 \ 材料参数	容量 γ (kN/m^3)	弹性模量 E (MPa)	泊松比 μ	内摩擦角 φ (°)	黏聚力 c (kPa)	地层厚度 h (m)
断面 1	23	990	0.24	36	200	8.2
断面 2	23	2 100	0.24	36	300	8.2
断面 3	23	480	0.24	36	100	9.1
断面 4	23	480	0.24	36	100	9.5

主要加固的地层为强风化地层和全风化地层以及砂黏土，其参数为：加固后地层的容重都相同，达到了 23 kN/m^3；内摩擦角和泊松比也相同，泊松比为 0.24，内摩擦角为 36°；不同的主要是弹性模量和黏聚力，黏聚力从 100 kPa 到 300 kPa，弹性模量从 480 MPa 到 2 100 MPa；影响位移的主要参数是弹性模量，而黏聚力影响其塑性区；对于计算断面 3 和计算断面 4，其加固后的参数一样；由于每个断面的地层和上下隧道间距不同，故其加固地层厚度也不相同。

3.2.3　四个断面加固后计算结果

加固后四个断面的位移和管片内力计算结果见附表 2－1～附表 2－4，超过不同量值地表沉降宽度见表 3.2－2。

表 3.2－2　地表沉降超过表头数据的宽度　（单位：m）

地　　层	工　　况	第一个隧道修建完成时			第二个隧道修建完成时		
		1 cm	5 mm	3 mm	1 cm	5 mm	3 mm
地层 1	先上后下	0.82	7.6	10.84	8.62	15.99	22.1
地层 2	先上后下	1.72	8.79	12.19	7.78	14.75	20.56
地层 3	先上后下	1.82	10.1	12.7	7.71	14.1	18.6
地层 4	先上后下	5.56	11.74	15.7	8.36	15.7	18.64

3.2.4　加固前后计算结果对比分析

1. 地表沉降量值及宽度

不同计算断面加固前后"先上后下"施工引起的地表沉降量值见表 3.2－3，其比较分析如下：

(1)在"先上后下"施工中，加固前后随着隧道施工的进行，引起的地表最大沉降值均增加；上隧道施工完成时，加固后比加固前地表沉降减小了 2.4～8.3 mm，下隧道施工引起的地表沉降，加固后比加固前减小了 3.3～8.4 mm，下隧道施工引起地表沉降要减小的多。

(2)下隧道毛洞开挖引起的沉降比后续施工引起的要大得多,占下隧道施工引起地表总沉降的 78%~94.5%(加固前)和 63%~93%(加固后),加固后占的比重比加固前减小了 1.5%~15.1%,说明加固中间夹层对控制下隧道毛洞开挖引起的地表沉降有效;加固后地表最大沉降从 20.8~32 mm 减小到 14.8~16.6 mm,均小于地表沉降控制值(3 cm)。

(3)在"先上后下"施工中,加固后引起的地表总的最大沉降量比加固前减小了 5.7~16.7 mm,达到了 27.2%~52.4%,说明加固中间夹层对控制地表沉降非常有效。

(4)由于每个计算断面埋深、地层加固参数和隧道间的净距都不相同,导致中间夹层加固后对地表沉降宽度的影响也不相同,最终宽度减小为 3~8 m 左右。当然,随着加固参数的进一步提高,其减少的幅度会增大,加固后最大沉降量 3 mm 对应宽度为 22 m,是盾构直径的 3.7 倍,加固后最大沉降量 5 mm 对应宽度为 16 m,加固后最大沉降量 10 mm 对应宽度为 9 m。

表 3.2-3 不同计算断面加固前后"先上后下"施工引起的地表沉降量值

(单位:mm)

施工步	断面 1		断面 2		断面 3		断面 4	
	加固前	加固后	加固前	加固后	加固前	加固后	加固前	加固后
上加管片	−16.262	−10.165	−18.700	−10.355	−14.018	−10.318	−14.569	−12.165
开挖下毛洞	−26.751	−14.209	−30.620	−14.222	−21.303	−13.793	−20.489	−14.956
下盾构	−28.718	−15.774	−31.505	−14.859	−22.081	−14.465	−20.661	−15.087
下管片,注浆	−29.700	−16.589	−31.865	−15.170	−22.462	−14.806	−20.834	−15.167
开挖第二个毛洞的增量	−10.489	−4.044	−11.920	−3.867	−7.285	−3.474	−5.920	−2.790
第二个洞加盾构的增量	−12.457	−5.609	−12.805	−4.504	−8.063	−4.147	−6.093	−2.921
第二个洞完成的总增量	−13.438	−6.423	−13.165	−4.815	−8.443	−4.487	−6.265	−3.001

2. 后施工隧道对先施工隧道管片结构位移的影响

加固前后后施工下隧道对先完成上隧道管片引起的拱底竖向位移见表 3.2-4,其变化情况如下:

(1)上隧道完成时拱底下沉因夹层加固减小的比较小,为 0.5～2 mm;减小最大的工况是下隧道毛洞开挖,引起上隧道拱底下沉减小了 5～15 mm,说明中间夹层土体控制住了上隧道拱底的下沉。

(2)下隧道开挖毛洞引起的上隧道拱底下沉增量的减小比较大,为 5～13 mm,与各计算断面地层情况、加固程度和上下隧道净距、隧道埋深有关;下隧道完成时,上隧道拱底下沉的增量减小也比较大,为 5～14 mm,占 41.5%～65%。

(3)对于"先上后下"施工顺序,上下隧道间夹层土体的加固大大减小了因下隧道施工引起的上隧道管片结构位移,最大值为 6.9～9.3 mm,均小于控制值(10 mm)。

表 3.2-4　加固前后后施工下隧道对先完成上隧道管片拱底引起的竖向位移

(单位:mm)

施工步	断面 1		断面 2		断面 3		断面 4	
	加固前	加固后	加固前	加固后	加固前	加固后	加固前	加固后
上加管片	−3.101	−1.327	−2.632	−0.675	−1.916	−0.897	−1.538	−1.082
开挖下毛洞	−19.023	−7.260	−21.654	−6.559	−14.510	−6.900	−12.694	−7.550
下盾构	−21.799	−9.449	−23.098	−7.533	−15.817	−8.023	−13.062	−7.847
下管片,注浆	−23.174	−10.580	−23.671	−8.008	−16.452	−8.584	−13.388	−8.013
开挖第二个毛洞的增量	−15.922	−5.933	−19.022	−5.884	−12.595	−6.002	−11.156	−6.468
第二个洞加盾构的增量	−18.698	−8.122	−20.466	−6.858	−13.901	−7.126	−11.524	−6.764
第二个洞完成的总增量	−20.073	−9.253	−21.038	−7.333	−14.536	−7.687	−11.850	−6.931

3. 管片内力

加固前后后施工下隧道对先完成上隧道管片引起的内力见

表 3.2－5,其变化情况如下：

(1)“先上后下”施工顺序,先修建的上隧道管片结构最大弯矩发生在后修建的下隧道完成阶段,其位置在上隧道管片拱底;其最大弯矩皆为正弯矩(管片内侧受拉),且管片在拱顶和拱底均为正弯矩、在水平处为负弯矩,轴力以受压为主。

(2)加固前最大弯矩比对应的轴力大很多,加固后量值上最大弯矩与对应的轴力基本相当。

(3)总体上,中间夹层加固后,弯矩有一定的减小,但减小的量值不大,而对应轴力反而增加许多。无论是弯矩的减小还是轴力的增加,对管片结构的受力都有利;加固后因下隧道施工引起上隧道管片最大弯矩依然很大,需加强配筋。

表 3.2－5 加固前后后施工下隧道对先完成上隧道管片引起的内力

计算断面	先上后下加固前（上隧道管片拱底）		先上后下加固后（上隧道管片拱底）	
	最大弯矩（kN·m）	相应轴力（kN）	最大弯矩（kN·m）	相应轴力（kN）
断面 1	174.164	－83.302	168.094	－169.934
断面 2	166.08	－73.722	142.212	－164.645
断面 3	177.422	－101.842	167.997	－164.904
断面 4	162.102	－94.668	179.500	－89.365

4. 塑性区

(1)对于“先上后下”施工顺序,中间夹层加固后,先修建的上隧道两侧出现塑性区;随着下隧道施工的进行,下隧道本身两侧也产生了塑性区,但因加固了上下隧道间的夹层,导致夹层可能不出现塑性区。

(2)随着埋深的增加,大于 14 m 后,下隧道两侧不出现塑性区,而中间夹层出现了塑性区;由于中间夹层出现了塑性区,且上隧道的两侧塑性区向拱顶移动,导致上隧道拱底产生了较大的弯矩,反而比加固前的还大。

(3)总体来说，加固前后因盾构施工引起的塑性区范围都比较小，且下隧道的施工对上隧道塑性区的影响也比较小。

3.2.5　中间夹层土体加固工艺

1. 注浆施工方法及工艺流程

叠线注浆采用纯压式注浆，孔口卡塞全孔一次注浆法，其工艺流程如图3.2-2所示。

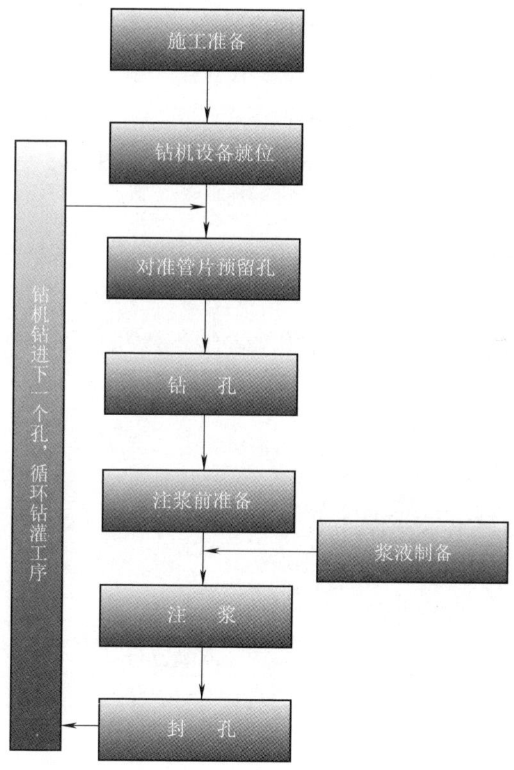

图3.2-2　叠线夹层土体加固流程图

2. 测放孔位及钻孔编号

(1)根据预制管片上预留的注浆孔进行钻孔。

(2)叠线注浆钻孔编号为 dmn(d—注浆序号,m—注浆孔排数,n—分序注浆孔流水编号),其中 n 的编号原则是各管片环块沿盾构掘进方向顺时针对孔进行编号。

3. 叠线注浆单元划分

(1)1 单元(DK27+680～DK27+779.996 为左右线隧洞圆心距离小于 3 m)孔深为 3 m,共计 67 环,采用全孔一次注浆。

(2)2 单元(DK27+620～DK27+680 为左右线隧洞圆心距离大于 3 m)孔深为 3 m,共计 40 环,采用全孔一次注浆。

(3)3 单元(DK27+132～DK27+230 为左右线隧洞圆心距离大于 3 m)孔深为 3 m,共计 65 环,采用全孔一次注浆。

(4)4 单元(DK26+725.905～DK27+132 为左右线隧洞圆心距离小于 3 m)孔深为 3 m,共计 271 环,采用全孔一次注浆。

4. 钻孔

采用手风钻(YT-28 型)钻孔,钻孔开孔孔径不小于 42 mm,终孔孔径不小于 35 mm。

5. 注浆浆液及材料

(1)注浆浆液

采用普通硅酸盐水泥浆液。

(2)水泥

①采用 42.5 级普通硅酸盐水泥。

②注浆用水泥符合《通用硅酸盐水泥》(GB 175—2007)规定的质量标准,不使用受潮结块的水泥,水泥不可存放过久,出厂期超过 3 个月的水泥不得使用。

6. 注浆

叠线注浆采用纯压式进行注浆,采用全孔一次注浆法。

(1)注浆泵:SGB6-10 注浆泵。

(2)注浆压力为 0.2～0.5 MPa,如冒浆串浆严重,则根据实际情况及时调整注浆压力(最大压力不超过 1.0 MPa)。

(3)浆液水灰比初步选用 1∶1、0.8∶1、0.5∶1 三个比级(重量比级)。

(4)注浆浆液由稀至浓逐级变换,起灌水灰比为 1∶1,其变换原则如下:

①当注浆压力保持不变而注入率持续减少时,或注入率不变而压力持续升高时,不得改变水灰比。

②当某一比级浆液注入量已达 300 L 以上,或灌注时间已达 30 min,而注浆压力和注入率均无改变或改变不显著时,改浓一级水灰比。

③当注入率大于 30 L/min 时,可根据具体情况越级变浓。

(5)注浆过程中,注浆压力或注入率突然改变较大时,应立即查明原因,采取相应的措施。

7. 单孔耗浆量

由笋洪区间工程设计图纸可知,叠线加固段处于全风化混合岩、强风化混合岩岩层中,根据设计图纸中的岩土物理力学指标表,查出全风化混合岩孔隙比为 0.735,强风化混合岩孔隙比为 0.749(0.695),混合孔隙比可取平均值,即为(0.735+0.749+0.695)/3=0.726;孔隙率为 0.726/(1+0.726)=0.421。

单孔耗浆量:$Q=Vn\beta\alpha=3.31\times0.421\times0.9\times1.3=1.63(\mathrm{m}^3)$。

其中,Q 为单孔注浆量(m^3);V 为加固土体积(m^3);n 为土的孔隙率;β 为浆液填充系数,取值 0.7～0.9,取 0.9;α 为浆液损耗系数,取值 1.15～1.30,取 1.30。

8. 注浆结束标准

叠线注浆注浆段的结束条件为:注浆段在设计压力下,注入率不大于 1 L/min 后,继续灌注 30 min,可结束注浆。

9. 特殊情况处理

(1)冒浆、漏浆

注浆过程中发现冒浆、漏浆时,根据具体情况采用嵌缝、表面封堵、低压、浓浆、限量、间歇注浆等方法进行处理。

(2)串浆

注浆过程中发生串浆时,塞住串浆孔,待注浆孔注浆结束后,再对串浆孔进行扫孔、冲洗,而后继续钻进注浆。

(3)注浆中断

注浆须连续进行,若因故中断,按下述原则处理:

①尽快恢复注浆,否则立即冲洗钻孔,而后恢复注浆。若无法冲洗或冲洗无效,则扫孔后复灌。

②恢复注浆时,使用开灌比级的水泥浆灌注。若注入率与中断前的相近,采用中断前的比级水泥浆灌注;如注入率较中断前减少较多,则逐级加浓浆继续灌注;如注入率较中断前减少很多,且在短时间内停止吸浆,则采取补救措施。

(4)注入量大而难以结束

注浆段注入量大而难以结束时,可采取下列措施处理:

①低压、浓浆、限流、限量、间歇注浆。

②单次注浆单位注灰量大于 1 000 kg/m^3 时,若吸浆量没有明显降低趋势或注浆压力没有明显上升趋势,则采取停灌待凝措施。

10. 封孔

注浆结束后必须及时封孔,封孔采用 0.5∶1 纯水泥浆,自孔底向孔口逐渐用浓浆置换。孔内水泥浆液凝固后,对钻孔空余部位使用干硬性水泥砂浆封填密实,孔口压抹齐平。

11. 注浆质量检查

叠线注浆工程的质量以检查孔压水检测效果为辅、抽芯取样检测岩样强度物理性能指标为主,结合对施工记录、成果资料和检验测试资料的分析,进行综合评定。

(1)检查孔位置

在注浆结束后3 d内，将钻孔、注浆资料提交监理工程师，拟定检查孔孔位。

(2)检查孔钻孔

叠线注浆检查孔采用手风钻机钻进，检查孔孔径不小于42 mm。

(3)检查孔压水与抽芯检测

①检查孔压水检测应在该部位注浆结束3 d后进行，进行单点法压水试验，压水试验压力为注浆压力的80%，若大于1.0 MPa，取1.0 MPa。

②抽芯取样检验岩土物理性能指标：土体无侧限抗压强度不小于1 MPa。

(4)评定标准

工程质量的评定标准：经检查孔压水试验检查及无侧限抗压强度，各段的合格率不小于90%。不合格试段的透水率和抗压强度不超过设计规定的150%；且不合格试段的分布不集中。注浆质量可评为合格。

(5)检查孔封孔

①检查孔压水试验结束后，对不合格孔段应进行补充注浆，直至合格。

②检查孔检查结束后，封孔同固结注浆孔，封孔压力拟采用0.5 MPa。

3.2.6　小　结

(1)在“先上后下”施工中，中间夹层加固后地表总的最大沉降从20.8～32 mm减小到14.8～16.6 mm，减小了27.2%～52.4%；均小于地表沉降控制值(3 cm)；最大沉降宽度减小了26.7%～50%；3 mm对应宽度为22 m，5 mm对应宽度为16 m，10 mm对应宽度为9 m。

(2)上隧道完成时,拱底下沉因夹层加固减小的比较小,为0.5～2 mm;下隧道毛洞开挖及下隧道完成引起的上隧道拱底下沉增量的减小比较大,为5～14 mm,占41.5%～65%;夹层土体的加固大大减小了因下隧道施工引起的上隧道管片结构位移,最大值为6.9～9.3 mm,均小于控制值(10 mm)。

(3)因各计算断面地层情况、加固程度和上下隧道净距、隧道埋深的不同,对地表沉降宽度、上隧道管片结构位移的影响也不相同,但加固对控制地表沉降及其宽度、先施工隧道位移非常有效。

(4)加固前最大弯矩比对应的轴力大很多,加固后量值上最大弯矩与对应的轴力基本相当;总体上,中间夹层加固后,弯矩有一定的减小,但减小的量值不大,而对应轴力反而增加许多,对管片结构的受力都有利;中间夹层加固后,下隧道施工引起上隧道管片最大弯矩依然很大,需加强配筋。

(5)总体来说,加固前后因盾构施工引起的塑性区范围都比较小,且下隧道的施工对上隧道塑性区的影响也比较小。

(6)叠线隧道加固工艺包括注浆施工方法、测放孔位及钻孔编号、叠线注浆单元划分、钻孔、注浆浆液及材料、注浆、单孔耗浆量计算与控制、注浆结束标准、封孔等。加固特殊情况处理技术包括冒浆、漏浆、串浆、注浆中断、注浆段注入量大而难以结束等。注浆质量检查技术包括检查孔位置确定、检查孔钻孔、检查孔压水与抽芯检测、评定标准、检查孔封孔。

3.3 下线隧道内支撑技术

3.3.1 下线隧道设内支撑的必要性

深圳地铁7306标段受周边环境限制,有多处区间段出现隧道重叠情况,而且叠线区间长,距离近,最近的仅2 m。采用盾构法进行隧道施工,下方隧道超前200 m,上方隧道随后跟进,属于上下叠线隧道同步施工情况。

为了保证上隧道施工时避免盾构机的自重对下隧道管片结构造成受力破坏，要求在上隧道掘进点的下隧道前后区域采取可靠措施（内支撑）进行临时加固，加固措施不能影响下隧道盾构的施工和后配套通行，支撑台车必须能随上隧道的掘进而自动前进，且始终保证上隧道盾构机前后 10 m 范围内下隧道内配有支撑台车。

3.3.2　内支撑台车设计

（1）内支撑采用活动台车配备液压系统支撑方案。

（2）根据实际使用经验和具体情况，对第一次方案需进行较大修改，简化系统配置。

（3）活动支撑系统共布置支撑台车 5 部，5 部台车完全相同，各自是一套独立完整的系统。

（4）每部支撑台车有 2 个门架，在 2 个门架上各布置 5 只油缸，左右腰线以下 15°各 1 只，上面正中间 1 只，向两边 40°各 1 只。

（5）支撑台车在原后配套系统轨道上行走，轨距 2 080 mm。

（6）行走机构采用单轮型式，为增加支撑能力和稳定性，停车后底梁下调节丝杆辅助支撑。驱动装置为电动机械自行。

（7）油缸顶端连接托架，托架上部是平面，与管片圆弧有 1 mm 的误差，面上铺 10 mm 厚胶皮垫，可以弥补误差。

（8）如果顶拱管片有错台，可以视情况在托架面局部再加胶垫，以求整个托架上面都与管片接触。

（9）支撑台车左右底梁以 3 根连杆连接，增加门架强度，螺栓连接，必要时可以拆开，让机车通行。

（10）由于空间限制，台车门架与穿行机车的间距仅 65 mm，机车通行时须特别小心。

（11）机车顶部的信号灯需换位安装。

（12）支撑油缸。台车上 10 只支撑油缸全部为同一种规格，缸径

ϕ110，活塞杆径 ϕ80，行程 200 mm，液压系统额定压力 16 MPa，最大顶推力 15.2 t，端部法兰连接。10 只油缸配一套泵站，为一个系统。油缸均为单独操控。

内支撑设计断面如图 3.3－1 和图 3.3－2 所示。图中，1—夹轨器；2—下部的行走轮组；3—驱动轮组；4—底梁；5—门架；6—连接梁；7—门架的平台；8—斜撑杆；9—爬梯；10—底梁之间设置的横梁；11—托架；12—托架端面上的胶皮垫；13—托架间的油缸；14—调节支撑；15—油缸驱动；16—外侧的支撑油缸；17—挡轮架；18—铰接拉杆。

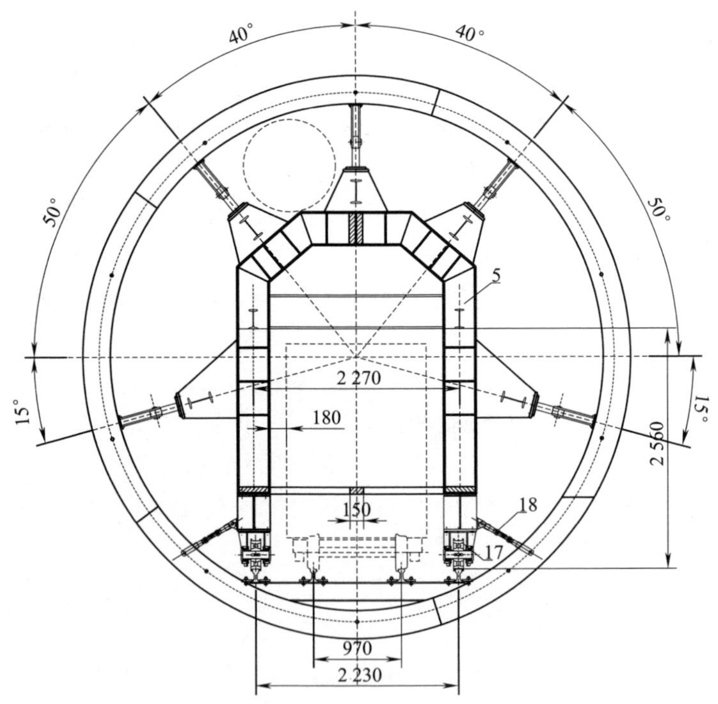

图 3.3－1　内支撑断面图(单位:mm)

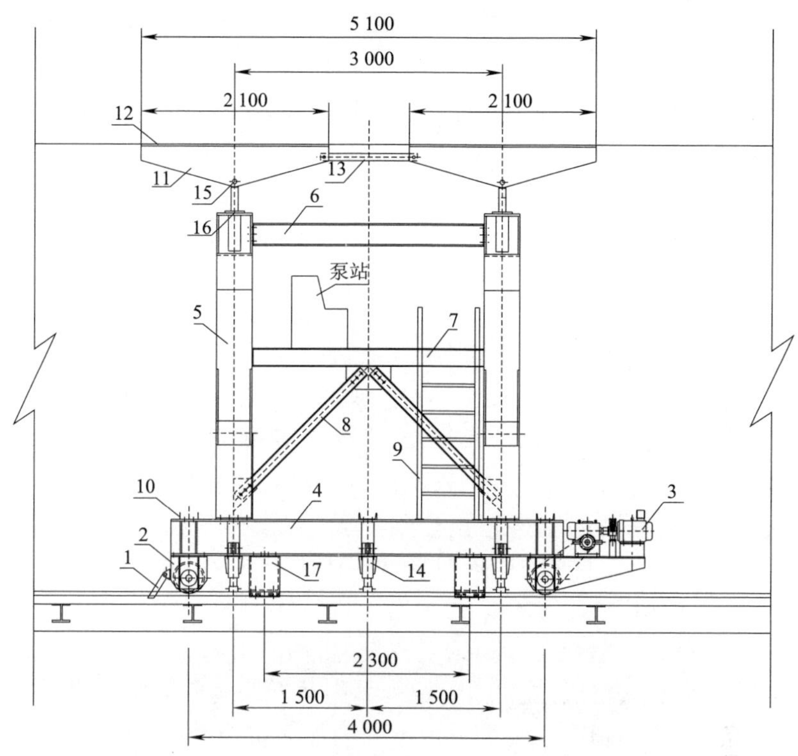

图 3.3-2　内支撑纵断面图(单位:mm)

第4章　叠线盾构区间隧道下穿高铁轨道群加固技术

4.1　轨道群加固设计

1. 砂层加固

根据勘察报告，在站场下、右线隧道上方局部存在厚达 7 m 的砾砂层。砾砂层空隙大，含水量高，为确保盾构安全通过站场，需进行处理。在盾构到达站场前，铁路路基上埋设袖阀管，间距 1 m，梅花形布置，对铁路路基进行预注浆加固，其设计图如图 4.1－1 和图 4.1－2 所示。注浆采用水泥浆，加固体厚度 3.2～6.4 m。

2. 轨道加固

为确保既有铁路的营运绝对安全，盾构隧道施工进入铁路区段前应先对既有铁路线进行加固保护，站内共有 9 股道需要加固防护，同时针对不同股道的重要性采取不同的加固防护措施（图 4.1－3～图 4.1－7）：

（1）对于正线Ⅰ、Ⅱ、Ⅲ、Ⅳ四条线拟采用微型桩结合 D 型便梁对线路进行架空加固保护，加固主跨采用 D20 型施工便梁，副跨采用 D16 型施工便梁。

（2）正线两侧 5、6、7、9、11 线采用 52 m 长 3-5-3 的钢轨束梁扣轨保护。

3. 电气化立柱加固

根据相关规定，电气化立柱基础沉降量不得超过 2 cm。为此，需对电气化立柱进行加固。共有 9 根电气化立柱位于影响范围内。在电气化立柱基础两侧各设置 4 根桩长 10 m 的 ϕ300 微型桩作为基础，通过连梁与电气化立柱基础连接后加固，如图 4.1－8 所示。

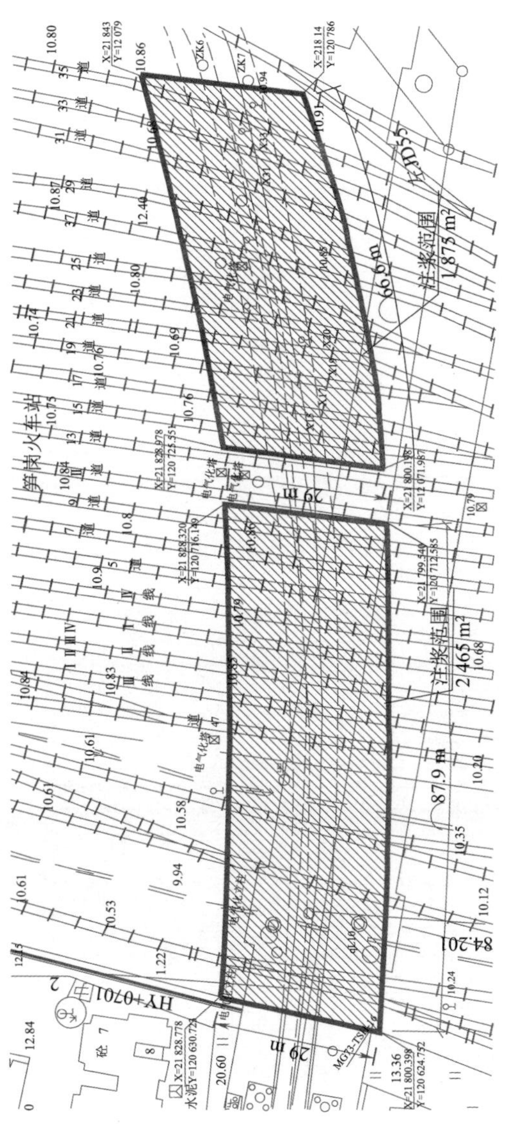

图 4.1－1　注浆加固平面设计图

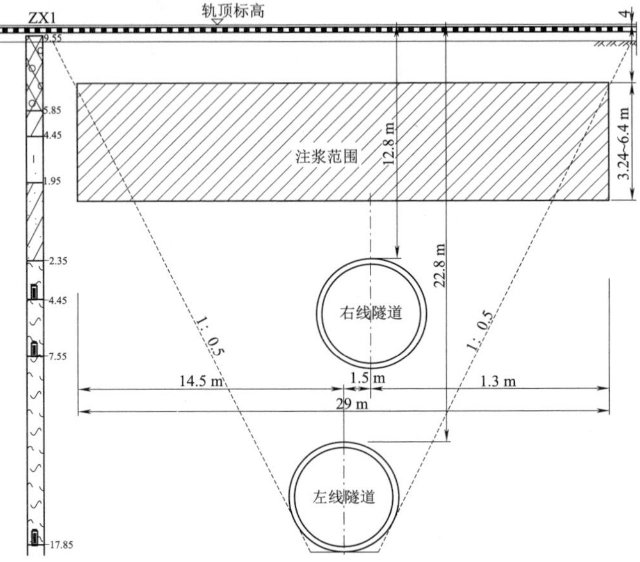

图 4.1-2 注浆加固断面设计图

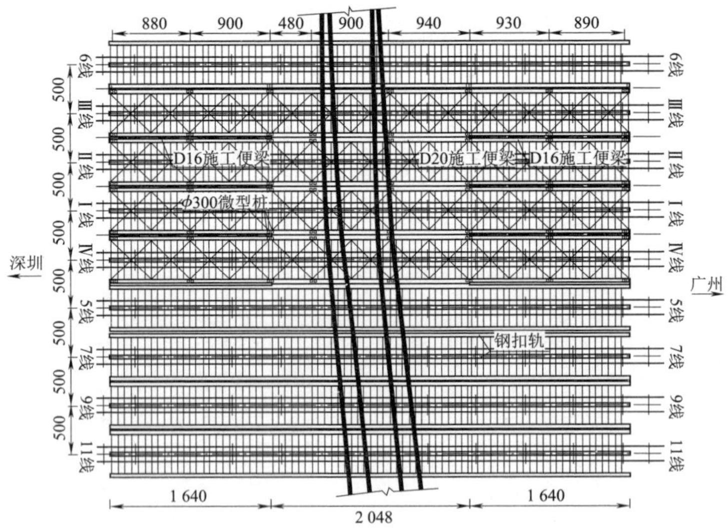

图 4.1-3 轨道加固保护平面图(单位:cm)

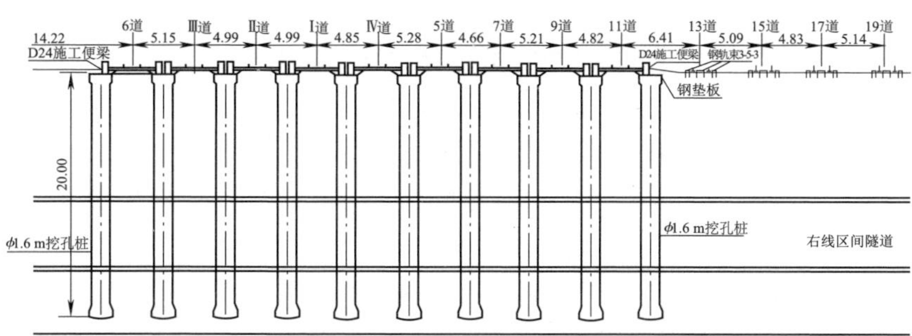

图 4.1-4　微型桩及便梁施工纵断面图(单位:m)

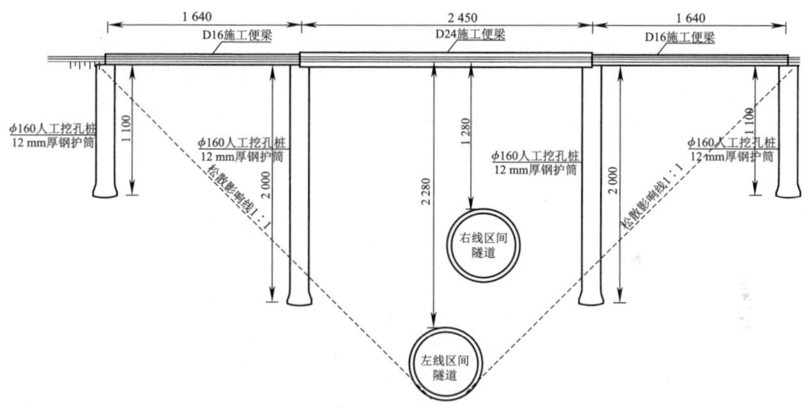

图 4.1-5　微型桩及便梁施工横断面图(单位:cm)

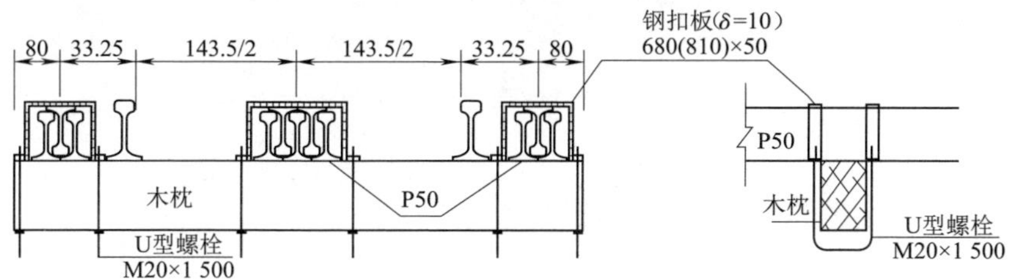

图 4.1-6　扣轨结构图(单位:cm)

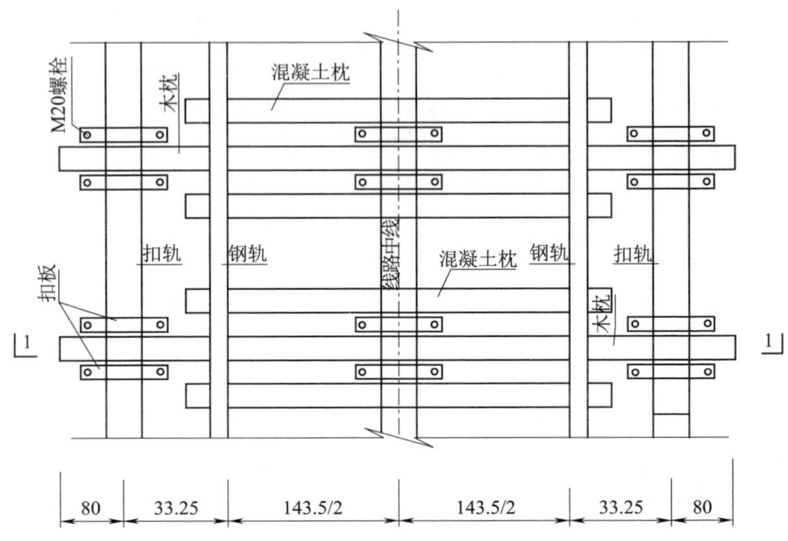

图 4.1－7 扣轨施工平面图(单位:cm)

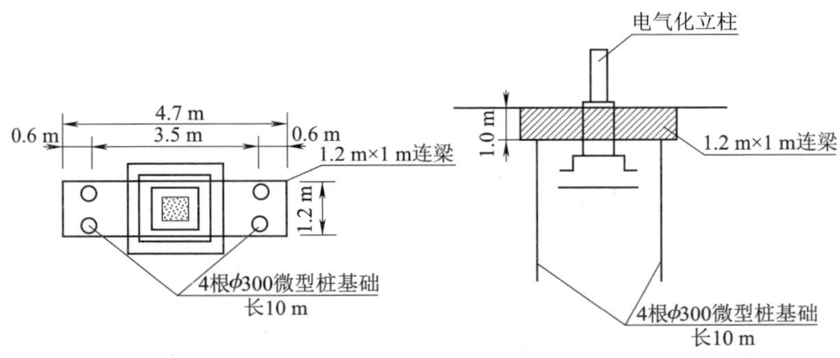

图 4.1－8 电气化立柱加固图

4.2 判断标准及加固模拟计算

地铁区间重叠隧道在下穿铁路盾构掘进中,由于铁路对轨道沉降控制非常严格，要求小于 10 mm，故要求施工引起的地表总沉降小于轨道沉降控制标准值(10 mm)。

下穿高铁轨道群采用的加固方法：轨道桩梁扣轨加固；上隧道上方铁路路基软弱砂层加固；上下隧道间夹层加固；“先下后上”施工中在进行上隧道盾构掘进时，下隧道采用钢结构对管片进行支撑来承担盾构的重量。

砂层加固范围 29 m×6.5 m，弹性模量 35 MPa，容重 19 kN/m^3，摩擦角 23°，黏聚力 100 kPa，泊松比 0.33；隧道夹层加固范围 12 m×10 m，弹性模量 3 000 MPa，容重 19 kN/m^3，摩擦角 30°，黏聚力 400 kPa，泊松比 0.3。计算断面参数见表 4.2，在“厚度”一栏中桩和梁为长度。

表 4.2 下穿铁路计算断面材料参数

参数 地层	容重 γ (kN/m^3)	弹性模量 E (MPa)	泊松比 μ	内摩擦角 φ (°)	黏聚力 c (kPa)	厚度 (m)
回填土	19	20	0.35	18	25	8
砂质黏性土	19	20	0.33	26	40	6.5
全风化地层	19.2	30	0.31	28	50	6
强风化地层	21	50	0.29	32	70	7
中风化地层	22	80	0.25	35	100	13.5
短桩	25	30 000	0.2	—	—	11.5
长桩	25	30 000	0.2	—	—	20
梁	78	200 000	0.2	—	—	57.3

选择了 1 个断面，钻孔号 MG23-TSH-33，埋深 12.85 m，隧道间距 3.7 m，共计算了 6 组，包括“先下后上”和“先上后下”两种施工顺序条件下地层未加固、仅考虑桩梁加固以及考虑桩梁、中间夹层土和铁路路基软弱土层加固。

未加固条件下，不同施工顺序引起的地表最大沉降以及后施工隧道对先完成隧道管片结构引起的位移和内力见附表 3 - 1、附表 3 - 2;仅考虑桩梁加固的,见附表 3 - 3、附表 3 - 4;既考虑桩梁加固又考虑中间夹层和铁路路基软弱地层加固的,见附表 3 - 5、附表 3 - 6。桩和梁内力见附表 3 - 7、附表 3 - 8。部分计算结果云图如图 4.2 - 1~图 4.2 - 20 所示。

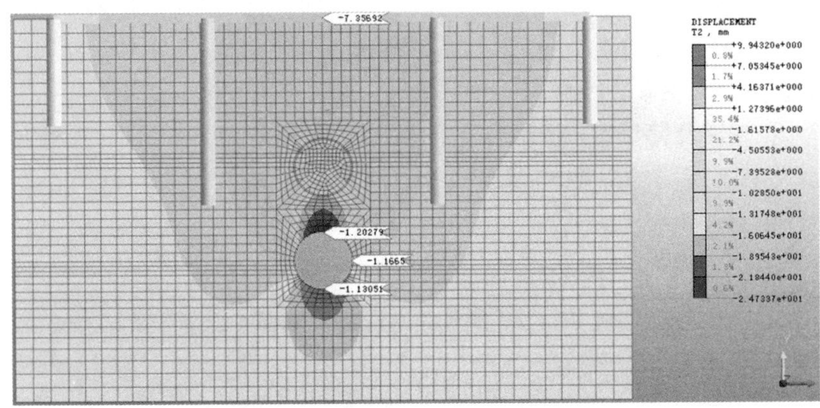

图 4.2 - 1　仅考虑桩梁加固-先下后上-下隧道完成后地层竖向位移图

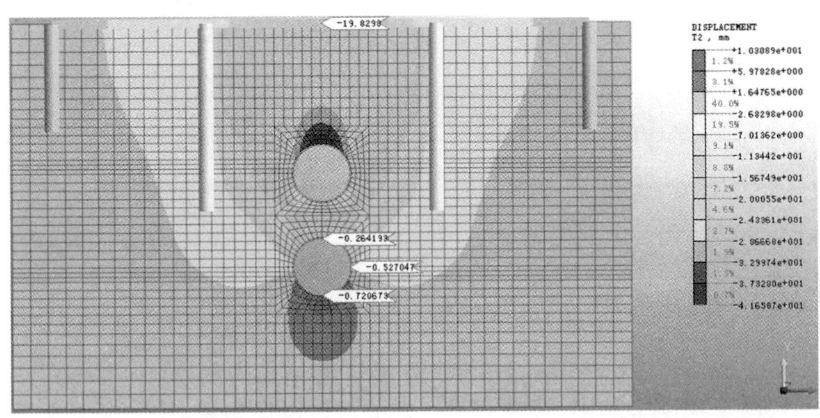

图 4.2 - 2　仅考虑桩梁加固-先下后上-上隧道完成后地层竖向位移图

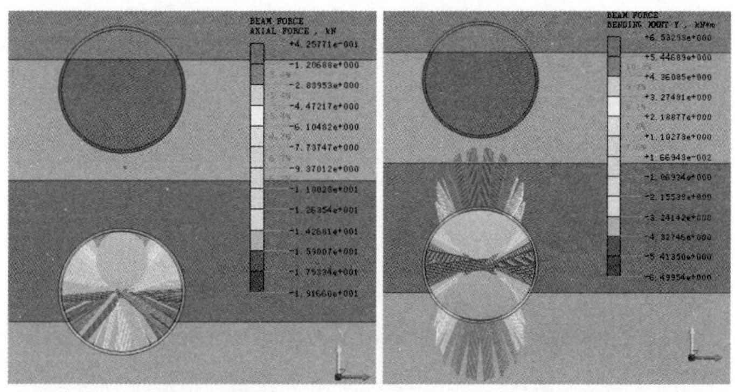

图 4.2-3　仅考虑桩梁加固-先下后上-下隧道完成后轴力和弯矩图

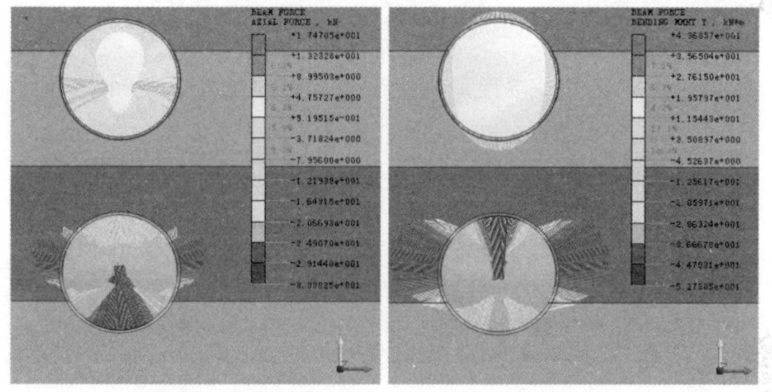

图 4.2-4　仅考虑桩梁加固-先下后上-上隧道完成后轴力和弯矩图

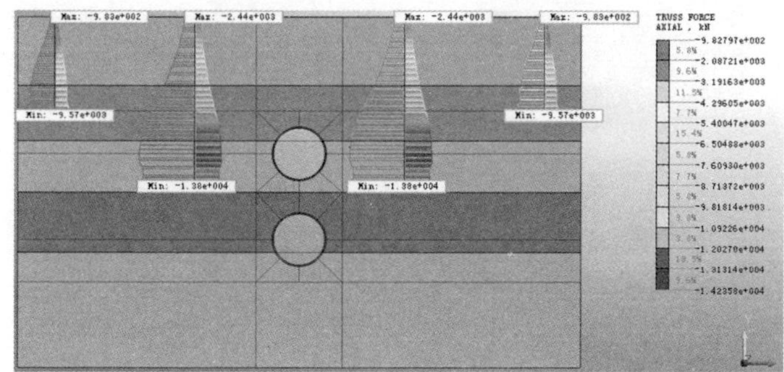

图 4.2-5　仅考虑桩梁加固-先下后上-下隧道完成后加固桩轴力图

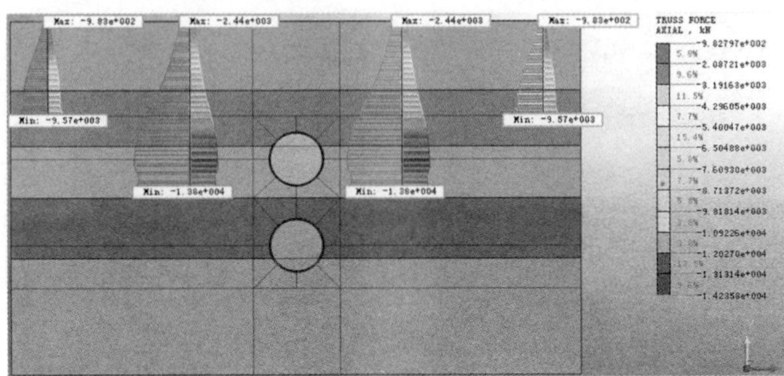

图 4.2-6 仅考虑桩梁加固-先下后上-上隧道完成后加固桩轴力图

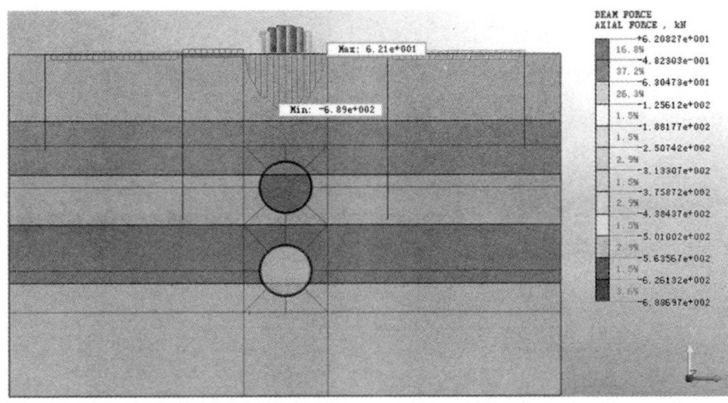

图 4.2-7 仅考虑桩梁加固-先下后上-下隧道完成后加固梁轴力图

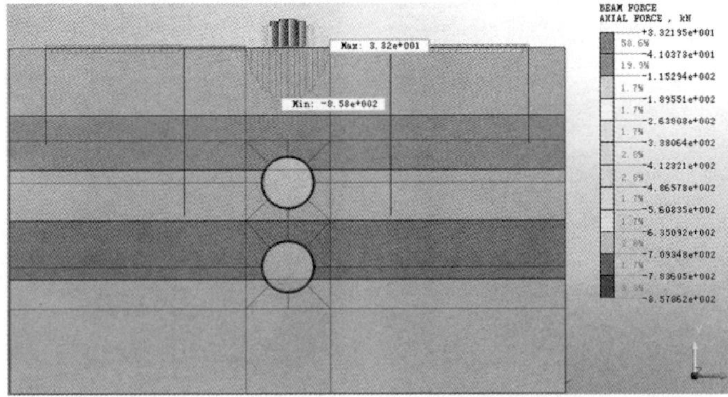

图 4.2-8 仅考虑桩梁加固-先下后上-上隧道完成后加固梁轴力图

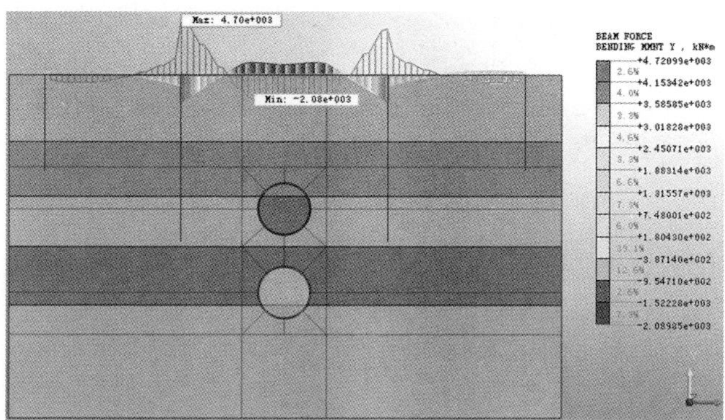

图 4.2-9 仅考虑桩梁加固-先下后上-下隧道完成后加固梁弯矩图

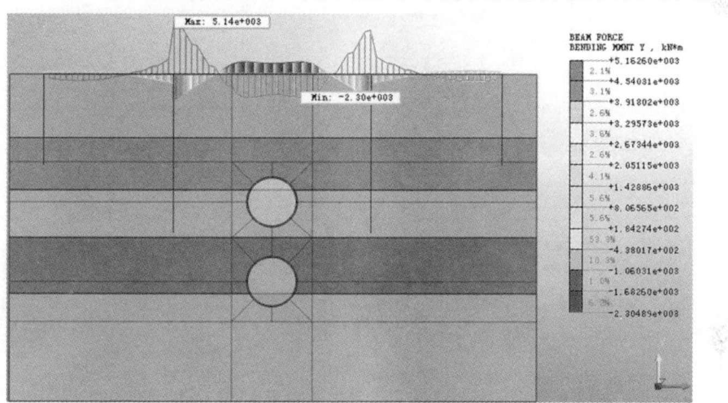

图 4.2-10 仅考虑桩梁加固-先下后上-上隧道完成后加固梁弯矩图

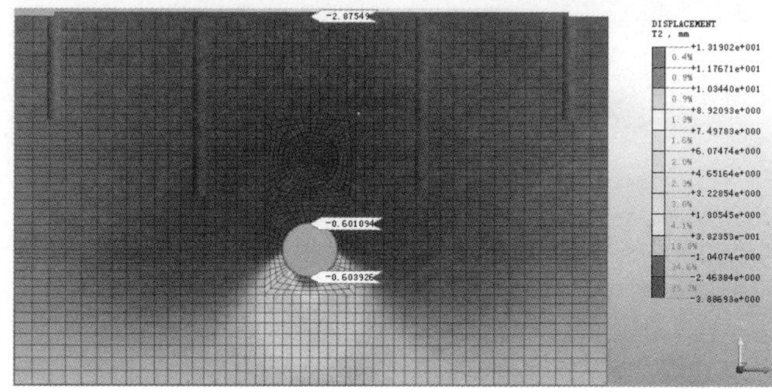

图 4.2-11 考虑桩梁夹层加固-先下后上-下隧道完成后地层竖向位移图

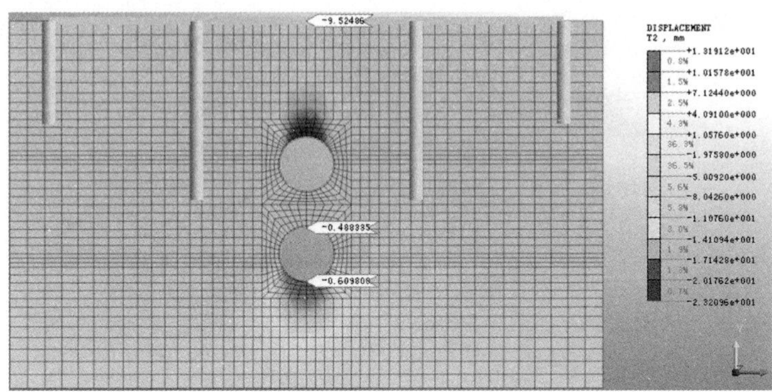

图 4.2－12　考虑桩梁夹层加固-先下后上-上隧道完成后地层竖向位移图

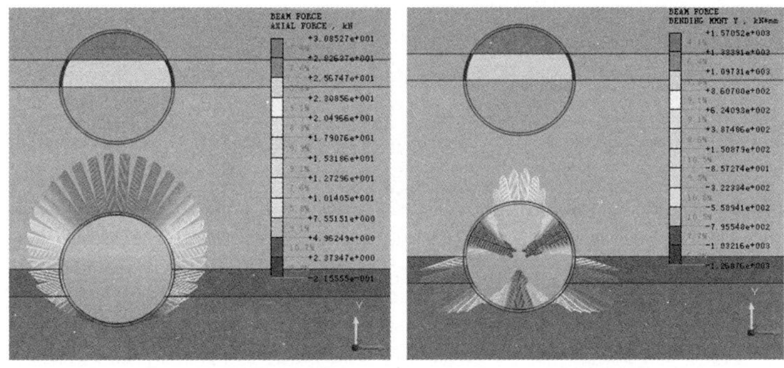

图 4.2－13　考虑桩梁夹层加固-先下后上-下隧道完成后轴力和弯矩图

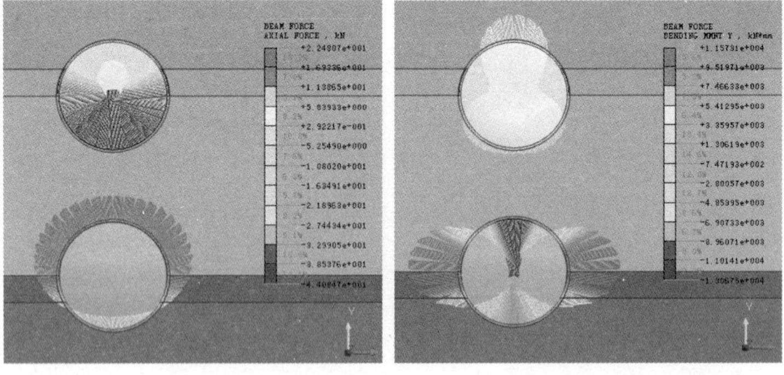

图 4.2－14　考虑桩梁夹层加固-先下后上-上隧道完成后轴力和弯矩图

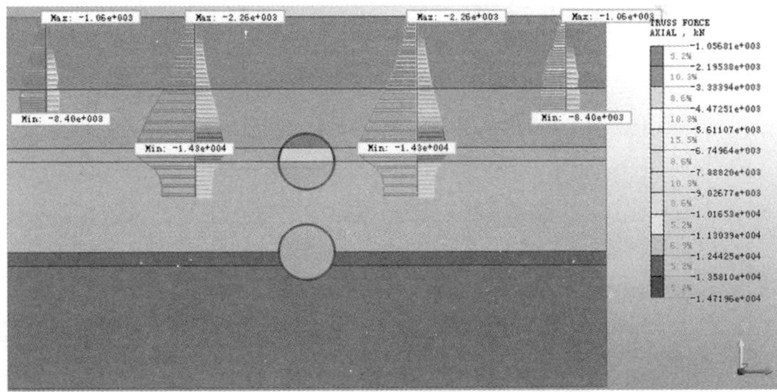

图 4.2-15　考虑桩梁夹层加固-先下后上-下隧道完成后加固桩轴力图

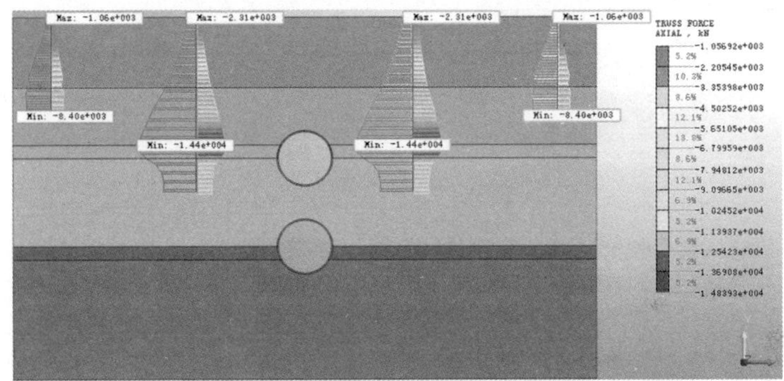

图 4.2-16　考虑桩梁夹层加固-先下后上-上隧道完成后加固桩轴力图

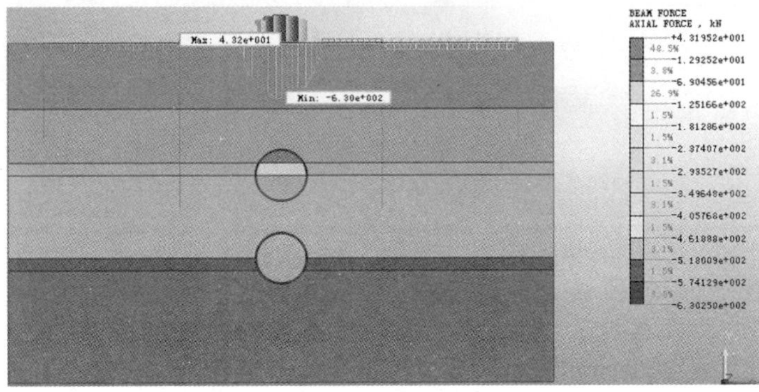

图 4.2-17　考虑桩梁夹层加固-先下后上-下隧道完成后加固梁轴力图

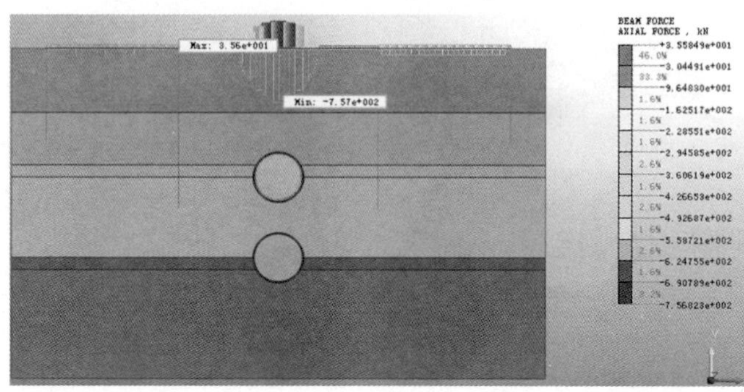

图 4.2-18　考虑桩梁夹层加固-先下后上-上隧道完成后加固梁轴力图

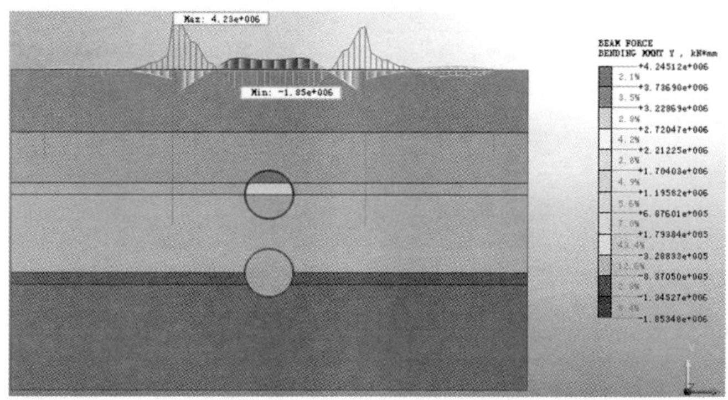

图 4.2-19　考虑桩梁夹层加固-先下后上-下隧道完成后加固梁弯矩图

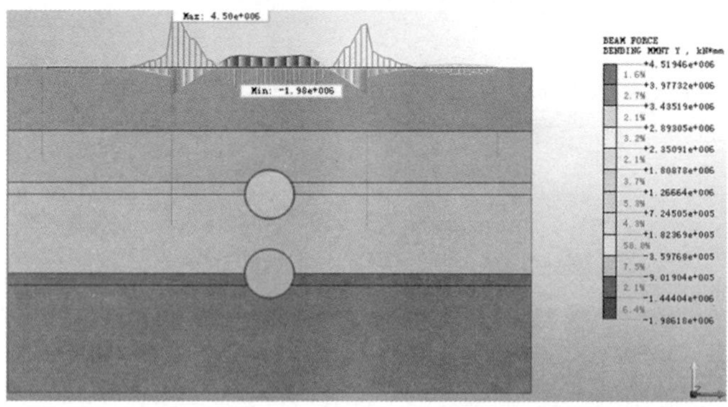

图 4.2-20　考虑桩梁夹层加固-先下后上-上隧道完成后加固梁弯矩图

4.3　不同加固方式计算结果对比分析

4.3.1　地表沉降量值

不同加固方式不同施工顺序下叠线隧道下穿铁路施工过程引起的地表沉降量值见表 4.3-1，其比较分析如下：

表 4.3-1　不同加固方式施工引起的地表沉降量值（单位：mm）

施工步 \ 加固方式 施工顺序	未加固		仅桩梁加固		桩梁夹层软层加固	
	先下后上	先上后下	先下后上	先上后下	先下后上	先上后下
下加管片	−8.361	−15.516	−7.357	−13.948	−2.875	−6.767
开挖上毛洞	−18.530	−22.316	−16.280	−19.847	−8.168	−8.579
上盾构	−21.022	−23.299	−18.624	−20.815	−9.010	−9.277
上管片，注浆	−22.294	−23.822	−19.830	−21.321	−9.525	−9.642
开挖第二个毛洞的增量	−10.170	−6.800	−8.923	−5.899	−5.293	−1.812
第二个洞加盾构的增量	−2.491	−0.983	−2.344	−0.968	−0.841	−0.698
第二个洞完成时总增量	−13.934	−8.306	−12.473	−7.373	−6.649	−2.875

（1）不论哪种加固方式，随着隧道施工的进行，引起的地表最大沉降值均增加；先施工的上隧道都比下隧道引起的地表沉降量大 2 倍左右（1.85～2.35），随着加固的加强其沉降量大的倍数增加；后施工的上隧道也都比下隧道引起的地表沉降量大 2 倍左右（1.68～2.31），随着加固的进一步加强其沉降量大的倍数增加。

（2）相同加固方式不同施工顺序下，下隧道施工引起的地表最大沉降值基本相同，而上隧道施工引起的地表最大沉降“先上后下”比“先下后上”要大。

(3)“先上后下”比“先下后上”引起的地表总沉降量略大，为0.12～1.53 mm，随着加固的进一步加强其沉降量趋于相等。

(4)仅采用桩梁加固方式对叠线隧道施工引起的地表总沉降量的减小效果不明显，只减小了2.5 mm左右，这是因为地表沉降主要受地层参数的影响，桩梁在体积方面所占地层的比重有限，故必须提高地层参数来控制地表沉降。采用桩梁加固后地表最大沉降量仍然为20 mm左右，超过了轨道的沉降控制值(10 mm)。

(5)同时采用桩梁、上下隧道间夹层土体和铁路路基软土加固措施后，地表沉降大幅度减小，与未加固条件相比减小了将近60%(当然，减小量与加固的范围和强度有关)。总之，加固地层对控制隧道施工引起的地表沉降非常有效。

(6)同时采用桩梁、上下隧道间夹层土体和铁路路基软土加固措施后，“先下后上”和“先上后下”施工引起的地表总沉降量分别为−9.525 mm、−9.642 mm，小于轨道的沉降控制值(10 mm)。

4.3.2 后施工隧道对先施工隧道管片结构位移的影响

叠线隧道下穿铁路时，不同加固方式下后施工隧道对先完成隧道管片结构引起的竖向位移见表4.3-2，其变化情况如下：

表4.3-2 不同加固方式下后施工隧道对先完成隧道管片结构引起的竖向位移

(单位：mm)

施工步 \ 施工顺序 \ 加固方式	未加固		仅桩梁加固		桩梁夹层软层加固	
	先下后上	先上后下	先下后上	先上后下	先下后上	先上后下
下加管片	−1.203	−1.999	−1.203	−2.003	−0.601	−0.683
开挖上毛洞	2.035	−13.436	2.139	−12.407	0.989	−3.295
上盾构	0.511	−14.917	0.610	−13.928	0.034	−4.243
上管片，注浆	−0.360	−15.705	−0.264	−14.720	−0.488	−4.742
开挖第二个毛洞的增量	3.238	−11.437	3.342	−10.404	1.590	−2.612

续上表

施工步 \ 施工顺序 \ 加固方式	未加固		仅桩梁加固		桩梁夹层软层加固	
	先下后上	先上后下	先下后上	先上后下	先下后上	先上后下
第二个洞加盾构的增量	−1.524	−1.481	−1.529	−1.522	−0.955	−0.948
第二个洞完成时总增量	0.843	−13.706	0.939	−12.717	0.113	−4.059

(1)对于不同加固方式下后施工隧道对先完成隧道管片结构竖向位移的影响,“先上后下”比“先下后上”要大 2～5 倍,随着加固的进一步加强,“先上后下”引起的上隧道管片结构竖向位移比“先下后上”大的倍数减小。

(2)对于不同施工顺序,仅采用桩梁加固方式时,后施工隧道对先完成隧道管片结构引起的竖向位移的减小有限,仅为 1.0 mm 左右,故仅采用桩梁加固方式对控制先完成隧道管片结构竖向位移不明显。

(3)同时采用桩梁、上下隧道间夹层土体和铁路路基软土加固措施后,后施工隧道对先完成隧道管片结构引起的竖向位移有大幅度减小,“先下后上”减小了 50%,“先上后下”减小了 70%,“先上后下”比“先下后上”减小的幅度更大。

(4)对于“先下后上”施工顺序,不论何种加固方式,后施工隧道对先完成隧道管片结构竖向位移的影响都比较小,为 1.59～3.34 mm,远小于控制值(10 mm)。

(5)对于“先上后下”施工顺序,未加固和仅桩梁加固条件下,后施工隧道对先完成隧道管片结构竖向位移的影响都比较大,为 13 mm 左右,超过了控制值(10 mm);而同时采用桩梁、上下隧道间夹层土体和铁路路基软土加固措施后,后施工隧道对先完成隧道管片结构引起的竖向位移大幅度减小,为 4 mm,远小于控制值

(10 mm),满足工程要求。

4.3.3 管片内力

叠线隧道下穿铁路时,不同加固方式下后施工隧道对先完成隧道管片结构引起的内力见表 4.3-3,其变化情况如下:

表 4.3-3 不同加固方式下后施工隧道对先完成隧道管片结构引起的内力

施工顺序＼加固方式	未加固		仅桩梁加固		桩梁夹层软层加固	
	最大弯矩(kN·m)	对应轴力(kN)	最大弯矩(kN·m)	对应轴力(kN)	最大弯矩(kN·m)	对应轴力(kN)
先下后上	104.210	−17.850	100.487	−9.349	38.223	−15.217
先上后下	155.709	−80.419	145.617	−79.457	63.196	−101.904

(1)不同加固方式下后施工隧道对先完成隧道管片结构引起的内力,“先上后下”比“先下后上”要大 50%~60%左右,相应轴力也增加,但总体上先完成盾构隧道管片结构以弯曲为主。

(2)对于不同施工顺序,仅采用桩梁加固方式时,后施工隧道对先完成隧道管片结构引起的内力的减小有限。

(3)同时采用桩梁、上下隧道间夹层土体和铁路路基软土加固措施后,后施工隧道对先完成隧道管片结构引起的内力有大幅度减小,达到了 60%,“先下后上”减小的幅度略大。

(4)总体上,随着加固的进一步加强,不同施工顺序引起的先完成隧道管片结构最大弯矩均大幅度减小;同时采用桩梁、上下隧道间夹层土体和铁路路基软土加固措施后,其最大弯矩仅为 63.2 kN·m,满足管片结构的受力要求。

4.3.4 桩梁内力分析

桩的最大轴力、梁的最大弯矩和相应轴力数据比较分析如下:

(1)桩的最大轴力和梁的最大弯矩均随着施工的进行逐渐增大,

但增加的幅度不大，而梁的最大弯矩相应轴力则减小。

(2)地表加固梁以受弯为主，其弯矩达到了 4 000～5 000 kN·m，而对应轴力非常小，小于 100 kN；地中加固桩以受压为主，且轴力达到了 4 000～5 000 kN。桩梁内力都满足受力要求。

(3)总的来说，“先上后下”施工时梁的最大弯矩和相应轴力相比“先下后上”略有增加，而桩的轴力略有减小。

(4)同时采用桩梁、上下隧道间夹层土体和铁路路基软土加固措施后，因总位移的减小导致梁的最大弯矩比仅采用桩梁加固时减小了 13%左右，相应轴力也略有减小，而加固地层重量的增加导致桩的轴力略有增加。

4.4　加固施工技术

4.4.1　路基袖阀管加固技术

1. 施工工艺的选择

根据线路加固设计需要加固的范围为 16 道～9 道区域、11 道～J1 道区域，厚约 2～6.6 m，加固范围长 87.9 m、66.6 m，宽度 29 m，深度 6～15 m。在盾构通过路径的铁路路基上埋设袖阀管，间距 1～1.5 m，梅花形布置，具体钻孔位置可以根据现场铁路及设备情况调整。根据设计要求及类似工程施工经验，对砂砾层的加固采用袖阀管＋双液浆的注浆工艺，以保证注浆质量。

2. 袖阀管注浆原理

袖阀管注浆工法是在浆液经过注浆泵加压后，通过连通管进入注浆管，聚集到袖阀管注浆管段，然后通过钻有直径为 6 mm 的泄浆孔的 PVC 管(即袖阀管)，在内压力的作用下，将包裹在 PVC 外的橡胶圈胀开和套壳料挤碎。当压力逐渐增大到一定程度时，被加压的浆液就会沿着地层结构产生充填、渗透、压密、劈裂流动，此时由于供浆量小于进入量，压力会自动恢复到平衡状态，续后的浆液在压力作用下，使得劈裂裂缝不断向外延伸，浆液在土体中形成固结体，从而达到增加地层强度、降低地层渗透性的目的。逐次提升或降低注浆内管即可实现分段注浆。袖阀管结构如图 4.4－1 所示。

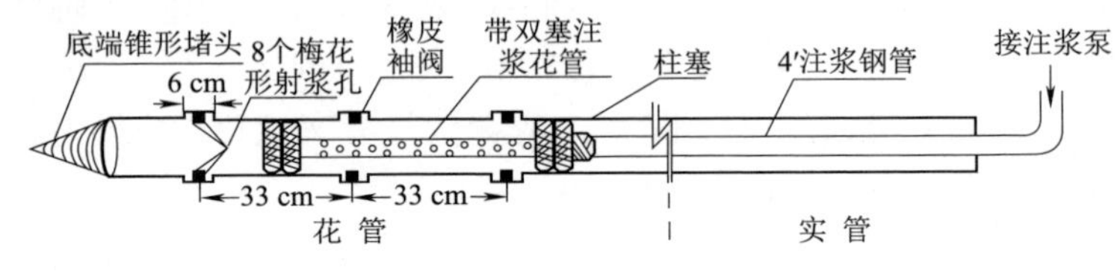

图 4.4－1　袖阀管结构

橡胶圈的作用是当孔内加压注浆时橡胶圈胀开，浆液从泄浆孔进入地层，停止注浆时橡胶圈在袖阀管外部浆液的作用下封闭泄浆孔，阻止泥土和地下水逆向进入袖阀管。

套壳料的作用是在袖阀管周围形成具有一定强度的保护层，注浆浆液在袖阀管有孔的部位挤碎套壳料，而上部和下部的套壳料仍具有一定强度，可以阻止浆液的上下流动。这样浆液就只在很小的范围内横向流动，以增加地层加固半径。

双塞管的作用是增压。当浆液通过注浆内管进入双塞管后，浆液从内管上的 4 cm 长的出浆孔流出。当浆液进入袖阀管和双塞管中间时，在压力作用下，橡皮帽被顶起，随着浆液的聚集，压力达到一定程度后，袖阀管外侧的橡胶圈被胀开，套壳料被挤碎，从而浆液被挤压到地层中。

袖阀管注浆需分段进行，每段注浆应一次完成。

3. 袖阀管注浆参数

注浆孔采用 MDL-135D 型履带钻机跟管成孔，按地质情况计算搭配好袖阀管实管段和花管段。花管段用套壳料封孔，实管段用 1∶0.5 水泥浆封孔，封孔 2 d 后下注浆管进行注浆。

根据注浆材料及地质条件、设计要求及施工经验，选用表 4.4 所示注浆参数，在施工中坚持先试后作的原则，通过试注浆对各项参数进行修正。

表 4.4　袖阀管注浆参数

分　类	项　目	参　数
成　孔	孔距×排距	1.0～1.5 m,梅花形布置,具体钻孔位置根据现场施工条件进行调整
	孔径	127 mm
	孔深	9.0～12.0 m,孔底高程以地面高程、地质资料为准
下袖阀管	套壳料配合比	水泥∶黏土∶水=1∶0.5∶1
	袖阀管长度	顶板部 1.5 m 为实管,其余为花管
	固管止浆液配合比	水泥浆,$W:C=1:0.5$
注　浆	扩散半径	1.0 m
	浆液配合比	水泥∶水∶水玻璃=1∶0.7∶0.02～1∶1∶0.02(质量比),具体情况根据现场试验确定
	开环压力	0.3 MPa
	注浆压力	水泥+水玻璃:砂层 0.5～1.2 MPa,黏土层 0.6～1.0 MPa
	注浆次数	周边孔 2 次,中央孔 2 次。遵循先边排后中排、先外围后内部注浆的原则
	注浆速度	双液注浆 8～12 L/min
	终灌标准	终浆压力达到设计值并继续稳压 10 min 以上,且进浆速度为开始的 1/4 或注浆量达到设计注浆量的 80%。如在注浆过程中出现地表冒浆,可提前停止注浆

(1)水玻璃 A 液参数要求

①注浆用水应是可饮用的河水、井水及其他清洁水,含有油脂、糖类、酸性大的水、海水和工业生活废水不宜采用。

②注浆用的水泥应采用普通硅酸盐水泥,水泥等级宜为 42.5R,水泥应保持新鲜,一般出厂日期不超过 3 个月,受潮结块者不得使用。水泥的各项指标应符合国家标准,并附有出厂质保单。矿渣硅酸盐水泥和火山灰质硅酸盐水泥不宜用于注浆。

③在满足强度要求的前提下，可用粉煤灰替代一定量的水泥，掺入量应通过试验确定。

④为改善浆液性能，应在浆液拌制好时加入适量外加剂。如KA-1掺入水泥量的0.3%～0.5%可提高浆液扩散性和可泵性能；加入约5%的膨润土可提高浆液的均匀性和稳定性，防止固体颗粒分离和沉淀。

(2)水玻璃B液参数要求

①选购市场上销售的符合国家质量要求的波美度为35°～40°的水玻璃。

②对选购的水玻璃进行稀释直至符合要求的浓度，备用。

对上述两种A、B液进行合理配制，双液浆的粘度要求大于35 s，比重1.3～1.5，初凝时间2～3 min，凝固强度3～4 MPa/2 h。

4. 成孔、注浆设备

成孔设备：MDL-135D型履带跟管钻机，操作平台3.0 m×4.5 m。

注浆设备：BW150型双液注浆泵，浆液搅拌采用自制500 L快速搅拌桶。

MDL-135D型履带跟管钻机闲置时，摆放在12道与14道，对应里程为K183＋820处的空地上。BW150型双液注浆泵分别摆放在J1道东侧原笋岗站行车公寓垃圾处理处和12道与14道，对应里程为K182＋827处的空地上，做好安全防护措施。注浆管在施工时从钢轨下方两组枕木中的空隙中穿过，确保不影响站场调车作业。

5. 施工步骤

(1)测量放线

根据设计图纸先用全站仪通过基点坐标在桥桩周围引入一些辅助坐标点，再通过这些坐标点，采用拉线和卷尺量测的方法定出钻孔孔位。定出孔位后，在地表放出注浆孔孔位，并用木桩或竹片做好孔位标识，要求孔位偏差小于1 cm。

（2）钻孔

按照测量放线定出的孔位进行钻孔，钻孔机械选用 MDL-135D 型跟管钻机，钻孔过程中采用套管跟进保护成孔。钻机就位后，应使其平整稳固，在开钻前利用吊锤钻头和钻孔的垂直度进行检测，并在钻进 2 m 时及以后每加一节套管均需对钻机进行调平校正，要求钻孔的倾斜度不大于 1%。在钻进的过程中，一般采用合金钻头，当遇到岩石时采用金刚钻头。

（3）浇注套壳料

在钻好的孔内下管浇注套壳料，起固管作用，孔径 127 mm。

（4）安置注浆管

套壳料浇注完成后，计算好袖阀管的长度，根据实际情况搭配好实管和花管的长度，管的顶端和底端都要盖好闷盖。由于每节袖阀管的长度为 4 m，在插入时相邻两节袖阀管用长度为 20 cm 的 PVC 套管连接，采用 U-PVC 胶合剂将袖阀管和连接套管粘牢。第一节袖阀管安装好堵头，再向管中注入清水，目的是减小袖阀管的弯曲值。袖阀管每节连接好后，依次下放到钻孔中，直到孔底。下放时尽量保证袖阀管的中心与钻孔中心重合，同时应保证袖阀管的上端头露出地面 20 cm，盖好闷盖，防止杂物进入管内。

（5）水泥浆浆液配制

根据欲配制浆液体积，按水灰比计算出所需的普通水泥和水的用量，将计算好的水加入搅拌桶内（提前在搅拌桶内做好水位线），边搅拌边加入计算好的水泥用量，搅拌均匀后倒入储浆桶内备用。设计要求：水泥采用 42.5R 普通硅酸盐水泥，水灰比 0.75～1.0，掺加适量减水剂，水泥浆不得具有收缩性，注浆量按照 580 kg/m 控制。

（6）灌浆

待套壳料养护 2 d 并达到相应强度后，将注浆内管与双塞管连接好一起放至袖阀管底部，进行开环。开环时注水进行试验，以检查注浆管路是否正常和判断地层的吸浆能力等，并防止堵管。灌浆量采用流量计进行计量。

开环时应注意以下情况：

①套壳未破坏前，泵压力随时间而增大，流量则始终为零。

②套壳破坏后，泵压力骤降，使开环压力较大也不会对灌浆地层带来危害。

③当继续施加泵压时，流量与压力的关系接近无套壳时的地层吸浆情况，因此在较小压力下也能产生较大的注入量。采用 BW150 型双液注浆泵进行注浆作业。

④注浆方式采用二次注浆工艺，即一次注浆压力控制在 0.5～0.8 MPa，在一次注浆后水泥浆终凝前进行二次注浆，一般进行二次注浆是在一次注浆 1～2 h 后进行，二次注浆压力为 1～1.2 MPa。

⑤施工时按照由内而外、由近构造物至远离构造物的顺序打孔和注浆。

⑥注浆过程中如需暂停注浆时，必须先将注浆芯管上提 0.4 m，向孔内注清水洗管洗孔，保证暂停注浆时间内不堵管堵孔。

⑦每次注浆完成后，及时用清水将注浆管清洗干净，管顶盖上闷盖，以免二次注浆使用时堵孔。

⑧注浆过程中做好注浆施工记录，记录注浆孔的注浆工作情况及注浆工序作业时间。

6. 注浆顺序

注浆分一序孔、二序孔跳段、间隔、反复注浆；当中央孔注浆达到一定程度后，再进行周边孔双液注浆；待周边孔止浆帷幕完成后，再进行中央孔注浆，进而达到路基处理的要求。

7. 袖阀管注浆的工艺优点

(1)可根据需要灌注任何一个注浆孔和注浆段，可以进行重复灌浆，中途可以停止。

(2)注浆压力相对较小，一般为 0.2～1.0 MPa，注浆量为 15～70 L/min，灌浆时冒浆和串浆的可能性较小，一般不会破坏原有地层结构。

(3)浆液主要以渗透形式进入充填物空隙中，可以起到填充裂缝和固结土体的效果。

4.4.2　轨道群加固技术

1. 加固原则

为消除线路几何尺寸的变化，保证铁路运输安全，采用的加固原则如下：

(1)广深线高速正线Ⅳ、Ⅰ、Ⅱ、Ⅲ道采用 D24 梁对线路进行架空。

(2)对笋岗站专线进行吊轨加固，长度为 25 m。

(3)对轨道几何尺寸进行监控检查，并及时保养修复，确保其误差在允许范围内。

2. 加固措施

测定轨温，如加固时的轨温与无缝线路锁定轨温不符时，先对无缝线路进行应力放散，待加固拆除后再重新按锁定轨温放散回来。

为确保既有铁路的营运绝对安全，盾构隧道施工进入铁路区段前先对既有铁路线进行架空保护，站内共有 26 股道需要加固防护，同时针对不同股道的重要性采取不同的加固防护措施，具体如下：

(1)对于正线及影响范围内的站线拟采用人工挖孔桩与 D 型便梁对线路进行架空保护，正线Ⅰ、Ⅱ、Ⅲ、Ⅳ四条线与正线两侧 5、6、7、9、11 五条线共 9 股道的扣轨加固主跨采用 D24 型施工便梁，附跨采用 D16 型施工便梁。D 型梁加固及道岔区的纵横梁加固采用挖孔桩支撑，钢轨束地段采用枕木垛支撑。

共有 9 股道采用 D 型梁加固，单根由 D 型梁 9 段 D24、18 段 D16 梁组成，如图 4.4-2～图 4.4-4 所示。扣轨配件需根据实际情况进行加工，横梁与护轨垫板之间要加设绝缘橡胶垫，横梁与钢轨之间需加设绝缘橡胶垫和三角木。

(2)13 道、15 道、17 道、27 道、29 道、31 道、33 道、35 道采用钢轨束扣轨，18 道、16 道、14 道、12 道、8 道、19 道、21 道、23 道、25 道、J2

道在道岔位置采用纵横梁加固方法，非道岔段采用钢轨束扣轨(详见扣轨平面图)。在道岔位置上的混凝土枕需抽换成木枕。

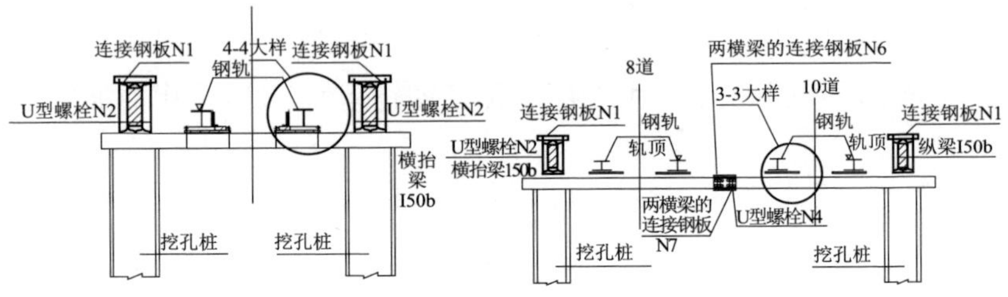

图 4.4－2　D 型梁施工剖面图

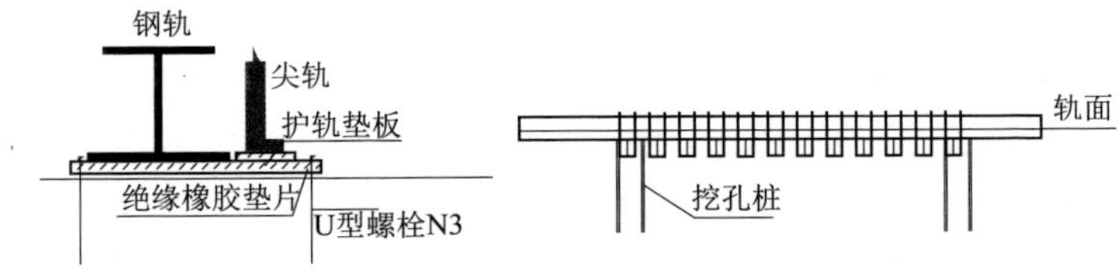

图 4.4－3　连接件大样图

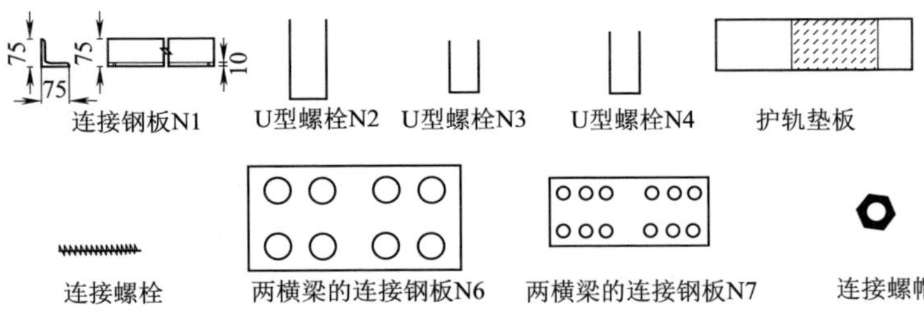

图 4.4－4　扣轨零件大样图

3. 施工准备

(1)制定严密的《施工组织设计》和请点施工计划，报深圳铁路集团审批，在批准的封锁时间内完成施工任务。

(2)在施工前做好安全配合协议签订、施工方案审批及相关准备工作。

(3)在前后位置线路两侧，备足道砟，并根据现场实际情况，将道砟装筐、装袋备用。

(4)工程技术人员提前放出线路中线及轨面高程控制点，对插入轨束梁位置进行精确定位，做好纵向横向滑移的准备。

(5)安全组负责劳务工的岗位培训和全面行车、人身安全工作；掌握施工防护情况，布置落实现场施工防护位置。

(6)做好机具设备维修并保证使用性能良好。

(7)各部、室及小组精心及早做好各自的准备工作，确保施工顺利进行。

(8)由建指组织召开施工协调会和施工准备会，协调各施工单位间的关系，检查落实各项施工准备情况。

(9)提前通知有关单位到施工现场进行监督、检查。

4. 施工封锁前准备

(1)根据批准的施工计划组织技术交底，在封锁前 2 h 组织人、材、机械进入施工现场，驻站人员与工地负责人、施工防护员调试好施工通信设施。

(2)驻站防护员应严格执行施工命令，认真做好填写登记。

(3)根据调度命令按规定设好防护。

(4)封锁线路前不限速，组织人员上道扒砟，扒砟作业要严格按规定进行，不得扒动枕底，轨枕盒内及枕头道砟不得少于 1/3。在锁定轨温不明或曲线正矢连续多处接近或超过允许偏差值时，轨枕盒内道砟也不得扒动。上述作业受《铁路线路修理规则》作业轨温限制时，以限制条件为准，控制扒开道床长度。混凝土轨枕可每隔 2 根松动 1 根。每个钢轨接头至少拧紧 4 个接头螺栓(每端 2 个)。

(5)抬高预拼轨束梁，搭设横移滑道，做好防溜措施。

(6)各种机具试运行，保证封锁时间内正常使用。

5. 封锁施工

接到施工封锁命令后，防护组立即按规定设好防护。

(1)请供电接好回流线。

(2)拆除既有轨道,平砟组扒道床砟至测量标高。

(3)插铺轨束梁:按测量定位桩横向推移轨束梁就位,再进行纵移就位。

(4)上砟整道:将线路两侧的备用道砟均匀地散布到轨道内进行起道、细方轨枕、串砟、填盒,使用内燃插入式振捣器对道床进行捣固,使其道床的纵、横向阻力和道床刚度达到规范要求,调整轨束梁几何尺寸达标。

(5)检查、验收,开通线路:施工完毕后,由专业化管理单位、施工单位及设备管理单位对线路质量进行检查、验收合格后,开通线路。第一列慢行 25 km/h,其后 45 km/h(具体开通速度以施工命令为准)。

6. 施工步骤

(1)施工调查,提前确定现场需配合协调解决的问题。

(2)提报施工及路料列车运行计划。

(3)技术准备:按设计图纸计算轨节表,统计出本工程所需材料及相关技术资料准备,编制实施性施工组织设计并报深圳铁路集团审查;测量、放线、定位。

(4)按调查资料在指定地点预铺轨束梁。

(5)将 D24 梁吊装到位。

(6)利用站线封锁点对站线进行扣轨加固。

(7)利用正线封锁点对线路进行 D24 型施工便梁架空线路。

(8)上砟整道调整几何尺寸达标检查、验收,开通线路。

(9)对既有线路进行动态检查和养护,其中正线每列一检,站线每天一检。

7. 正线架空施工步骤

(1)测量挖孔桩标高,对桩顶进行找平,垫好方木到设计位置,垫木厚度不大于 0.2 m。

(2)采用轨道吊将纵梁吊装就位,分别按广铁集团运输处确定的封锁点内进行。每天吊装、安设两组。轨道吊及位置于Ⅰ道时安设

Ⅳ和Ⅱ道;位于Ⅱ道时安设Ⅰ和Ⅲ道。纵梁安设必须做到位置准确,不得侵限,就位后进行临时加固,以防倾倒。

(3)扒空道床,连接 D24 便梁联结系(杆件)。利用广铁集团批准的封锁点,将线路道床扒空方正轨枕位,单根穿插 D 型梁杆件并连接。每天完成一个股道,顺序为Ⅳ、Ⅰ、Ⅱ、Ⅲ道。

(4)线路开通后,列车限速 45 km/h,其中第一列为 25 km/h,开通后第一天内每趟列车过后检查一次连接零件的松动情况,并重新拧紧牢固,其后每天一检。

8. 站线吊轨施工步骤

(1)扒空道床,方正枕轨,穿插 3.7 m 长木油枕,长度为每股道 25 m,利用广铁集团批准的封锁点进行每天两股道的安装。穿插后轨道上砟、捣固。

(2)用 P50 轨束梁对线路进行吊轨加固。其中道心为 2～3 扣,两侧为 1～2 扣。在广铁集团批准的封锁点内进行,每天安装两股道。

(3)将横穿木油枕与纵向轨束梁用 U 型扣件连接。

(4)注意标高、位置不得侵限。完成后对连接螺丝每天一检,严防松动。

(5)对线路轨道几何尺寸进行检查,每两天一次,并对其进行养护、补砟,并有计划地进行轨道保养。

9. 设备巡养人员具体安排

设备巡养交接组:线路开通运营后,对设备应继续进行维修保养。施工单位与设备管理单位对运营设备进行共管,派人昼夜巡查,发现问题,及时处理,保证行车绝对安全,直到线路设备稳定无变化方可撤除巡养人员。

4.4.3　电气化立柱基础加固施工

1. 旋喷桩施工步骤

(1)场地平整

钻孔施工前要进行场地平整,做好排浆沟池,开钻前必须保证机身平稳。正式进场施工前，进行地下管线调查后，在加固区域四周开挖深度不小于 3 m 的探槽，发现有管线的做好保护措施(改迁或拨移)，然后回填、整平夯实；同时合理布置施工机械、输送管路和电力线路位置。

(2)修建排污和灰浆拌制系统

旋喷桩施工过程中将会产生 10%～20%的返浆量，将废浆液引入沉淀池中，沉淀后的清水可排入市政管道。沉淀的泥土则在开挖基坑时一并运走。沉淀和排污统一纳入全场污水处理系统。

(3)测量定位

测量人员按照布孔图，对旋喷桩桩位进行定位、测出原地面标高、定出孔口标高等有关放样工作。施工前用全站仪测定旋喷桩施工的控制点，埋石标记，经过复测验线合格后，用钢尺和测线实地布设桩位，并用竹签钉紧，一桩一签并做好标记，保证桩孔中心移位偏差小于 50 mm。

(4)钻机就位

钻机就位后，对桩机进行调平、对中，调整桩机的垂直度，保证钻杆与桩位一致，偏差应在 10 mm 以内，钻孔垂直度误差小于 0.5%；钻孔前应调试空压机、泥浆泵，使设备运转正常；校验钻杆长度，并用红油漆在钻塔旁标注深度线，保证孔底标高满足设计深度。

(5)钻孔

钻机施工前，应先进行人工探测地下管线，确认钻孔范围内无地下管线并确定钻孔机械试运转正常后，地质钻机就位，开始引孔钻进。钻孔过程中要详细记录好钻杆节数，保证钻孔深度的准确。

施钻时做好记录，全面反映地层的变化，为喷射灌浆施工提供准确的地质水文情况。钻孔结束后做好记录表，进行下管施工。

(6)拔出岩芯管、插入注浆管

引孔至设计深度后，拔出岩芯管，并换上喷射注浆管插入预定深度。

(7)喷射灌浆

①准备工作:高喷施工时,在高喷台车移至成孔位置前,要检查各个管路是否畅通,连接是否牢固。制浆站配制水灰比为0.85～1.5∶1的浆液(现场采用按其配比制作定量容器进行控制),并经过充分搅拌且经过过筛后才能用于注浆施工。高压泵、空压机检测完成,防止中途发生故障,影响施工。

②下管喷射:下管前先进行地面气、浆试喷,检查各项工艺参数是否符合要求,检查完毕后,用胶布包扎住喷嘴,防止堵塞,将喷射管下放至孔底(设计深度)开始施喷作业。喷射管下到设计深度位置,开始灌入符合要求的浆、气。开始静喷待水泥浆液冒出孔口,按规范要求的提升速度、旋转速度等参数,自下而上边喷射边提升,直至设计喷射高程。喷射过程中机长及技术人员严格控制各项参数实施,定时量测、记录,出现问题采取相应措施。施工中拆卸管要快,防止塌孔和堵嘴。

③清洗机具:喷射结束后及时清洗管路,不得留有残渣以防堵塞,特别是输浆系统要连续清洗,直至管路出现清水。

2. 施工控制要点

(1)旋喷施工间隔2～3孔跳孔施工,相邻两桩施工间隔时间应不小于48 h,间距应不小于4～6 m。

(2)施工过程中应对附近建筑物、地面、地下管线的标高进行监测,当标高的变化值大于±10 mm时,将暂停施工,根据实际情况调整压力参数后,再行施工。

(3)采用双重管法旋喷,开始时,先送高压水,再送水泥浆和压缩空气,压缩空气可晚送30 s。在桩底部边旋转边喷射1 min后,再进行边旋转、边提升、边喷射。

(4)喷射时,先应达到预定的喷射压力、喷浆量后,再逐渐提升注浆管。中间发生故障时,立即停止提升和旋喷,以防止柱中断,同时立即进行检查,排除故障。如发现有浆液喷射不足,影响桩体的设计直径时,应进行复核。

(5)旋喷过程中,冒浆量控制在10%~25%之间。对需用扩大加固范围或提高强度的工程可采取复喷措施,即先喷一遍清水,再喷一遍或两遍水泥浆。

(6)喷到桩高后迅速拔出浆管,用清水冲洗管路,防止凝固堵塞。

(7)旋喷深度、直径、抗压强度和透水性符合设计要求。

(8)在注浆过程中,若发现附近管线井有冒浆情形,应立即停止注浆,通过排查找出串浆位置,进行封堵处理并将已污染的管路清理干净后方可继续施工。

3. 特殊情况处理措施

(1)有异常时或遇岩层较硬无法达到设计深度进行施工时,应及时上报监理、业主及设计单位,经各方研究后,采取补救措施。

(2)在碰到地面沟或地下管线无法按设计走向施工时,宜与设计单位、业主、监理共同协商,确定解决办法。

(3)施工过程中,如遇到停电或特殊情况造成停机导致成桩工艺中断时,均应将旋喷机下降至停浆点以下0.5 m处,待恢复供浆时再喷浆钻搅,以防止出现不连续墙体;如因故停机时间较长,宜先拆卸输浆管路,妥为清洗,以防止浆液硬结堵管。

(4)发现管道堵塞,应立即停泵处理。待处理结束后立即把旋喷钻具上提和下沉1.0 m后方能继续注浆,等10~20 s恢复向上提升搅拌,以防断桩发生。

4.5 小　　结

(1)上隧道都比下隧道引起的地表沉降量大2倍左右,随着加固的进一步加强其沉降量大的倍数增加;“先上后下”比“先下后上”引起的地表总沉降量略大,随着加固的进一步加强其沉降量趋于相等;仅采用桩梁加固方式对叠线隧道施工引起的地表总沉降量的减小效果不明显,地表最大沉降量仍然为20 mm左右,超过了轨道的沉降控制值(10 mm);加固地层对控制隧道施工引起的地表沉降非常有效，同时采用桩梁、上下隧道间夹层土体和铁路路基软土加固措施后，地表沉降大幅度减小，均小于轨道的沉降控制值(10 mm)。

(2)对于不同加固方式下后施工隧道对先完成隧道管片结构竖向位移的影响，“先上后下”比“先下后上”要大 2～5 倍；仅采用桩梁加固方式时，后施工隧道对先完成隧道管片结构引起的竖向位移的减小有限；同时采用桩梁、上下隧道间夹层土体和铁路路基软土加固措施后，后施工隧道对先完成隧道管片结构引起的竖向位移有大幅度减小，“先下后上”远小于控制值(10 mm)；对于“先上后下”未加固和仅桩梁加固为 13 mm 左右，超过了控制值(10 mm)；同时采用桩梁、上下隧道间夹层土体和铁路路基软土加固措施后为 4 mm，远小于控制值(10 mm)。

(3)不同加固方式后施工隧道对先完成隧道管片结构引起的内力，“先上后下”比“先下后上”要大 50%～60%左右；仅采用桩梁加固方式时，后施工隧道对先完成隧道管片结构引起的内力的减小有限；同时采用桩梁、上下隧道间夹层土体和铁路路基软土加固措施后减小幅度大，最大弯矩仅为 63.2 kN · m，满足管片结构的受力要求。

(4)桩的最大轴力和梁的最大弯矩均随着施工的进行逐渐增大，地表加固梁以受弯为主，地中加固桩以受压为主，桩梁内力都满足受力要求；梁的最大弯矩和相应轴力，“先上后下”比“先下后上”略有增加，而桩的轴力略有减小；同时采用桩梁、上下隧道间夹层土体和铁路路基软土加固措施后，因总位移的减小导致梁的最大弯矩比仅采用桩梁加固时减小了 13%左右，相应轴力也略有减小，而加固地层重量的增加导致桩的轴力略有增加。

(5)同时采用桩梁、上下隧道间夹层土体和铁路路基软土加固措施且其参数达到要求后，本区间叠线隧道下穿铁路施工能满足轨道下穿控制值(10 mm)和后施工隧道对先完成隧道管片结构竖向位移控制值(10 mm)的要求。

(6)地铁区间叠线盾构隧道下穿广深铁路加固技术包括袖阀管

加固路基施工技术、人工挖孔桩和扣轨加固铁路线路施工技术、电气化立柱基础加固技术。

(7)采用袖阀管配合双液浆的注浆施工技术,包括施工准备、测量放线、钻孔、浇注套壳料、安置注浆管、水泥浆浆液配制、灌浆、注浆顺序及注意事项。

(8)人工挖孔桩施工技术,包括准备工作、挖土石方、孔内排水、校正孔中心及几何尺寸、修整孔壁、绑扎护壁钢筋、安装护壁模板、校正中心及模板圆度、浇筑护壁混凝土、养护、抽排水、拆除模板、修理护壁混凝土、下节挖土等循环施工、达到设计要求持力层、成孔验收、钢筋笼制安、混凝土浇筑。

(9)铁路线路扣轨加固技术,包括施工调查、提报施工及路料列车运行计划、技术准备、按调查资料在指定地点预铺轨束梁、将 D24 梁吊装到位、利用站线封锁点对站线进行吊轨加固、利用正线封锁点对线路进行 D24 便梁架空线路、上砟整道调整几何尺寸达标检查、验收,开通线路、对既有线路进行动态检查和养护。

(10)电气化立柱基础加固技术,包括扒空道床、方正枕轨、穿插 3.7 m 长木油枕、利用批准的封锁点进行每天两股道的安装、用 P50 轨束梁对线路进行吊轨加固、将横穿木油枕与纵向轨束梁用 U 型扣件连接、对线路轨道几何尺寸进行检查和轨道保养。

第 5 章　叠线盾构区间隧道下穿高铁轨道群盾构掘进技术

5.1　盾构选型技术

5.1.1　盾构选型目的

与其他隧道施工方法不同，盾构施工法主要使用结构较为复杂的盾构机，在两个竖井中间一次性施工而形成隧道。其最大特点为：

(1)盾构机是根据每一个施工区段的地质条件、地下水条件、隧道断面大小、区间线路条件、周围建筑物环境等条件进行设计制作。因此，盾构机不是通用机械，而是针对于某种条件的专用机械，也就是说，一般很难将盾构机转用到设计隧道以外的工程中加以利用。

(2)盾构机在地下的施工是不可后退的。当盾构机在地下开始掘进施工后，就很难对盾构机的结构组成进行修改，除刀头等部位可以通过特殊的设计得到更换以外，盾构刀盘、压力仓、排土器、推进系统等很难在施工过程中进行修改。因此，盾构机的设计、制作从根本上决定了隧道施工的成功与否，是盾构隧道施工的最关键的环节。为了设计最为合理的盾构机械，就必须进行周密的盾构选型工作。盾构机的选择是保障工程项目顺利实施的前提条件与设备保障，除了必须满足隧道断面与外形尺寸外，还应包括盾构机类型、性能、配套设备、辅助工法等。

5.1.2　盾构选型的依据和原则

盾构机的选择主要根据工程地质条件与水文地质条件、隧道断面形状、隧道外形尺寸、隧道埋深、地下障碍物、地面建筑物、地表隆沉要求等因素，经过技术、经济比较后综合确定。

盾构选型主要依据招标文件、工程勘察报告、隧洞设计及相关标准和规范，针对工程特点和难点、隧洞设计参数、盾构施工工艺及进度要求等因素进行分析，对盾构类型、驱动方式、功能要求、主要技术参数和辅助设备的配置等进行研究，并邀请具有同类盾构制造经验的国际著名盾构制造商和国内外盾构设计、隧洞设计及盾构施工方面的专家共同参与。经过反复论证和研究，参照类似工程盾构的选型及施工情况，完成适应相应工程施工盾构的选型工作，确定盾构方案、主要功能、主要技术性能参数及辅助设备的配置。

盾构选型的原则如下：

(1)适用性原则

盾构机的断面形状与外形尺寸适用于隧道断面形状与外形要求，种类与性能要适用工程地质与水文地质条件、隧道断面形状、隧道外形尺寸、隧道埋深、地下障碍物、地下构筑物与地面建筑物安全需要、地表隆沉要求使用条件。若所选盾构机不能充分满足上述使用条件，应增加相应的辅助工法，如压气工法、注浆工法等，以确保开挖面稳定。

由于盾构机具有较长的使用寿命，可用于多项施工工程，因此应根据使用寿命期内预计的常用使用条件或最不利使用条件选择盾构机，以便具有较广泛的适用性。

(2)技术先进性原则

技术先进性有两方面含义：一是不同种类盾构机技术先进性不同；二是同一种类盾构机由于设备配置的差异与功能的差异而技术先进性不同。

选择技术先进的盾构机，一方面是为了更好地适应建设单位当前及今后的工程施工要求，提高施工单位的市场竞争力；另一方面在合理使用寿命期内保持技术先进性。

技术先进性要以可靠性为前提，要选择经过工程实践验证、可靠性高的先进技术。

当前,技术最先进的盾构机是泥土压式与泥水式盾构机,随着盾构机的设计与制造技术不断完善与提高,技术上相互渗透、融合,其适用范围愈加广泛,已成为盾构隧道施工使用最多、最为广泛的盾构机。

(3)经济合理性原则

经济合理性是指所选择的盾构机及其辅助工法用于工程项目施工,在满足施工安全、质量标准、环境保护要求和工期要求的前提下,其综合施工成本合理。

盾构选型可分为基本条件整理、项目论证、施工方案论证比较、确定方案 4 个阶段,而选型的原则是保证开挖面的稳定性,保证不对周围其他建筑物、构筑物、埋设物产生有害的影响和谋求最大限度的经济合理性。

5.1.3　盾构选型方法

1. 根据地层的渗透系数进行盾构选型

通常,渗透系数大于 10^{-7} m/s 时,选用泥水加压式盾构机;渗透系数小于 10^{-4} m/s 时,选用土压平衡式盾构机。根据这种关系,若地层以各种级配富水的砂层、砂砾层为主时,选择泥水加压式盾构机是适宜的。其他的地层和地层组合采用土压平衡式盾构机是合理的选择。

2. 根据岩土颗粒进行选择

当岩土中的粉粒和黏粒的总量达到 35%以上时,通常会选择土压平衡式盾构机;相反的情况选择泥水盾构机比较合适。粉粒的绝对大小通常以 0.075 mm 为界。

3. 盾构机对地质条件的适用性

根据当前盾构的技术水平,各种盾构机对地质条件的适用性见表 5.1－1。

5.1.4　盾构选型流程

盾构选型流程如图 5.1 所示。

表 5.1-1　盾构机对地质条件的适应性一览表

土质＼盾构机			敞开式						密闭式			
			手掘式		半机械挖掘式		机械挖掘式		泥土压式		泥水式	
分类	土质	N 值	适用性	注意点	适用性	注意点	适用性	注意点	适用性	注意点	适用性	注意点
冲积黏性土	腐殖土	0	×		×		×		△	地层变形	△	地层变形
	粉土、黏土	0～2	△	地层变形	×		×		○		○	
	砂质粉土、砂质黏土	0～5	△	地层变形	×		×		○		○	
		5～10	△	地层变形	△	地层变形	×	地层变形	○		○	
洪积黏性土	粉质黏土、黏土	10～20	○		○		○	泥土堵塞	○			
	黏质粉土、黏土	15～25	○		○		○		○		○	
		25 以上	△	开挖机械	○		○		○		○	
软岩	黏性岩、泥岩	50 以上	×		△	地下水压	△	地下水压	△	刀具磨损	△	刀具磨损
砂质土	混有粉土、黏土的砂	10～15	△	地下水压	△	地下水压	△	地下水压	○		○	
	松散砂	10～30	△	地下水压	×		△	地下水压	○		○	
	密实砂	30 以上	△	地下水压	△	地下水压	△	地下水压	○		○	

续上表

土质＼盾构机			敞开式						密闭式			
			手掘式		半机械挖掘式		机械挖掘式		泥土压式		泥水式	
分类	土质	N值	适用性	注意点	适用性	注意点	适用性	注意点	适用性	注意点	适用性	注意点
砂砾、卵石	松散砂砾	10～40	△	地下水压	△	地下水压	△	地下水压	○		○	
	固结砂砾	40以上	△	地下水压	△	地下水压	△	地下水压、刀盘与刀具磨损	○	刀具磨损	○	刀具磨损
	混有卵石的砂砾	—	△	人员安全、地下水压	△	地下水压、超挖量	△	地下水压、刀盘与刀具磨损	○	刀具磨损	△	刀具选择、送泥对策
	卵石、巨砾	—	△	砾石破碎、地下水压	△	地下水压、超挖量	△		△	刀具与螺旋输送机选择	△	砾石破碎、送泥对策

注：1. 表中符号○表示原则上适用；△表示必须进行辅助工法、辅助设备等充分论证后适用；×表示原则上不适用。

2. 选择敞开式盾构多同时采用压气、注浆等辅助工法，其适用性要经过充分论证。

策　划
调查
场地条件
◦ 道路等级、交通状况
◦ 工程临时用地状况
◦ 河流、湖泊状况
环境条件
◦ 噪声、振动
◦ 地层变形
◦ 地下水利用
◦ 废弃物处理
地质条件
◦ 土层构成
◦ 地下水（水位分布、水质）
◦ 空气缺氧、有害气体
◦ 各层土壤的工程性质
障碍物
◦ 地上、地下建(构)筑物
◦ 埋设物
◦ 地下废弃构筑物
◦ 其他
设计条件
◦ 隧道形状、尺寸
◦ 隧道长度
◦ 覆土深度
◦ 线型（最小曲线半径、平面曲线与竖曲线、坡度）
◦ 工期等
可行性分析
开挖面稳定
◦ 自稳性
◦ 土层构成
◦ 支撑方式
土质（隧道延长范围内各种土比例）
透水系数、间歇压力、含水量
土的硬度（N值、压缩强度）
细颗粒比例
卵砾石粒径（长径×短径）
环境保护
◦ 地下水污染、枯竭
◦ 噪声、振动
◦ 景观
◦ 交通
地层变形
◦ 影响范围
◦ 水平与垂直变形
◦ 邻近建（构）筑物
其他
◦ 障碍物处理
◦ 弃土处理
◦ 弃土运输
◦ 施工用地
初步选择
初步选择两种以上适用的盾构机
措施研究
◦ 开挖面稳定
◦ 地层变形
◦ 始发、到达洞口土体加固
◦ 邻近建（构）筑物保护
◦ 长距离施工
◦ 急曲线施工
◦ 障碍物处理
综合评价
选　定

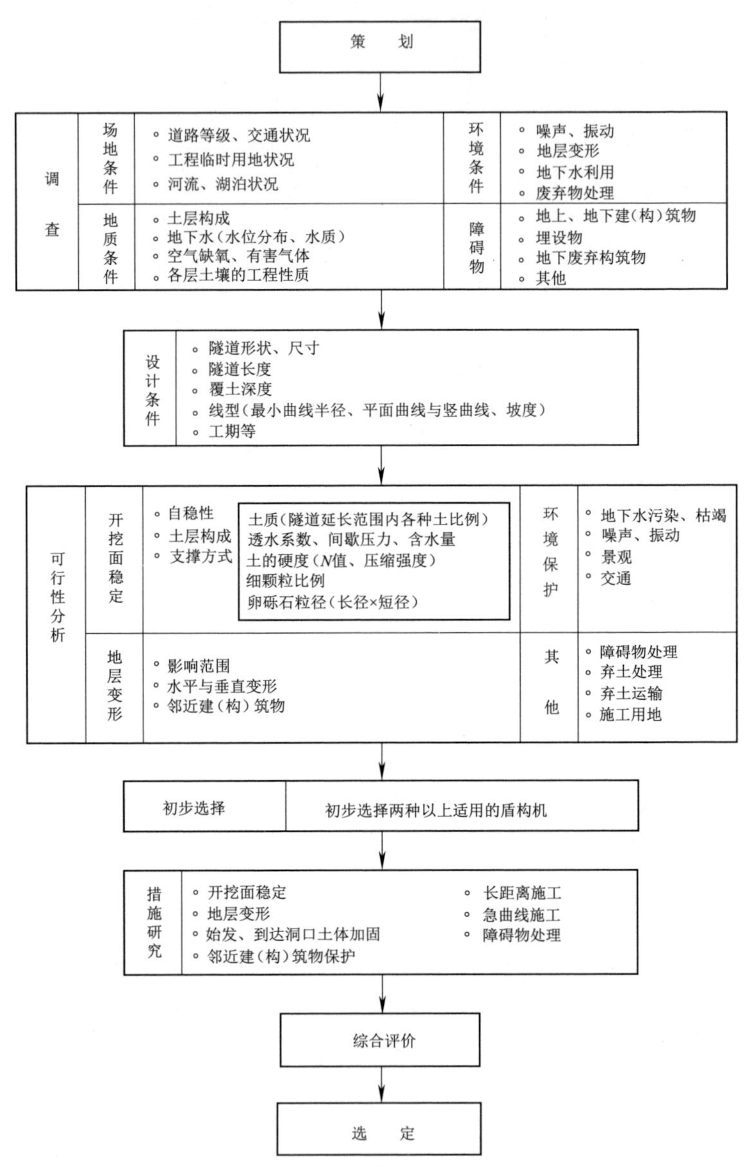

图 5.1　盾构选型流程

5.1.5　盾构类型确定

参照深圳地区类似工程施工经验，主要考虑采用泥水平衡式盾构机和复合式土压平衡盾构机，在这两种盾构机间做比选。

1. 泥水平衡式盾构机

泥水盾构机的工作原理：盾构机将按一定要求配制的膨润土或黏土浆液，通过泥浆泵、输浆管以一定的压力从洞外送到开挖工作面，泥浆压力稍高于开挖面土压和水压，泥浆在开挖面上形成不透水的泥膜，通过该泥膜保持水压力，以对抗作用于工作面上的土压力和水压力，使工作面保持稳定；与此同时，刀盘从工作面切削下来的渣土与泥浆混为一体，通过泥浆管送外地面的泥渣分离场；经分离后的废渣运出工地，分离后的工作泥浆重复循环利用，必要时补充新的泥浆。

2. 复合式土压平衡盾构机

土压平衡盾构机的工作原理：将开挖的土体进行泥土化处理，工作面的稳定是通过土体自身和由盾构千斤顶压力控制土仓内泥土压力来维持平衡的。与泥水盾构机不同的是，切削下来的土渣由螺旋输送机进行排土，土压平衡盾构机适用于各种土层及这些土层的互层，适用范围广。

复合式土压平衡盾构机装备有注入添加剂的机构，以及强力搅拌添加剂和渣土的机构，对渣土进行改良，以促进开挖渣土的流动性；添加剂的种类有膨润土、发泡剂等。这种盾构机适用地层范围广，使用很多。

3. 盾构选型

泥水平衡盾构与复合式土压平衡盾构的比较见表5.1－2、表5.1－3。

表 5.1-2　泥水平衡式盾构与复合式土压平衡盾构的比较(一)

特性 \ 机型	泥水平衡式盾构机	复合式土压平衡盾构机
平衡工作面介质	密封仓内泥浆	密封仓内泥土
排土方式	流体泵送	螺旋输送机和土车
适用土质	淤泥、黏土、砂、卵石、碎石	淤泥、黏土、砂、卵石、碎石
开挖面稳定性	比较稳定	较难
控制地层沉隆难易程度	容易	较容易
适应隧道直径范围	适应范围广	适应性比泥水式稍差
刀盘扭矩阻力	较小	比泥水式略大
刀盘形式	面板式	面板式、辐条式、近辐条式
耐高水压性	耐高水压	耐高水压(比泥水式低)
排泥是否需处理	需要(通常泥浆处理后循环使用)	不需要
配套设备	庞大复杂	简单、紧凑
施工占用场地	大(约 10 000 m^2)	较小(约 4 000～5 000 m^2)
设备综合造价	高	较低

表 5.1-3　泥水平衡式盾构与复合式土压平衡盾构的比较(二)

项　目	泥水平衡式盾构	土压平衡式盾构
平衡原理简述	工作面与盾构机之间设有隔板,工作面被加以大于孔隙水压力的泥浆压力,表面形成泥水黏膜及渗透膜,在刀盘配合下使工作面得以稳定	工作面与盾构机之间设有隔板,经刀盘切削的泥土中被加入高浓度的人造泥浆或泡沫等材料,经过搅拌棒的强力搅拌后,形成具有流动性、止水性、塑性“三性”的介质,充满切割仓及螺旋输送机内,盾构千斤顶推力使切割仓内形成土压力,用以平衡工作面的地下水土压力

续上表

项　　目		泥水平衡式盾构	土压平衡式盾构
地质情况	渗透系数	大于 10^{-7} m/s	小于 10^{-4} m/s
	孔隙水压	无特别限制,可通过泥浆压力来控制	宜小于 150 kPa,若超过该值,需要启用相应的防喷涌措施
	细颗粒比例	10%以上	可适应极细颗粒
	含水率	无特别限制	小于 30%,则需要通过加泥浆、水、泡沫等来增加流动性
	土的硬度、N 值、内摩擦角、黏着力	无特别限制,但需考虑处理硬岩的措施(砾石破碎装置)	无特别限制,但需考虑破岩刀具的维修
优　点		控制泥水压力,可保持工作面稳定,沉降较小;排土采用泥浆管输送,水压较高地段也不会出现喷涌现象;由于使用泥水,需要扭矩较小,刀具不易磨损;使用流体运输,弃土输送效率高,适合长距离输送	控制泥浆土压,可有效抵抗水压、土压,可保持工作面稳定,沉降较小;地质适应范围较广,适合混合地层;人造泥浆设备规模较小,还可根据围岩状态切换成开放模式掘进,便于控制工作面;弃土较容易处理,费用较低
缺　点		如果工作面渗透系数较高,则易造成泥浆渗漏,难以保证泥水压力;遇到黏土地段,排泥口有可能堵塞,导致土仓切口水压变动使工作面不稳定;需要增加泥水处理设备,地面设施场地面积增大;弃土处理较困难,费用较高	如果孔隙水压较高,富水性较大,则有可能产生喷涌,工作面压力难以保证;遇砂砾地层、黏土地层,刀盘的扭矩会增大,刀盘磨损较快

泥水平衡盾构主要针对于无黏聚力的含水砂层以及软流塑、流动性等特别松软的地层,也可广泛用于各种软弱地层的施工。土压

平衡盾构适用于各种土层及这些土层的互层，使用范围广，适用于仅需要切刀开挖且含砂量小的塑性流动性软黏土。同时土压平衡盾构装备有注入添加剂、强力搅拌添加剂的机构，对渣土进行改良，以促进开挖渣土的流动性。

因此，综合考虑技术经济性，再结合本区间施工的安全可靠性，推荐使用复合式土压平衡盾构机。

5.2 盾构机性能参数计算

5.2.1 盾构机性能参数

盾构机的主要性能参数见表 5.2。

表 5.2 盾构机的主要性能参数

项　　目	参　　数
类型	复合式土压平衡盾构机
型号	EPB6250
公称外径	6 250 mm
长度	80 m
盾体	带铰接
前盾体长度/外径	1.7 m/6.25 m
中盾体长度/外径	3 m/6.24 m
盾尾长度/外径	3.5 m/6.23 m
最小转弯半径	250 m
爬坡能力	≥35‰
设备工作压力	450 kPa
使用寿命	≥10 km
掘进速度	80 mm/min
主机重量	270 t
切削刀盘分块	4
材质	S355J2

续上表

项　　目	参　　数
旋转方向	双向
切削刀盘直径	6 280 mm
刀盘驱动方式	液压马达
功率	945 kW
最大脱困扭矩	7 440 kN·m
旋转速度	4.3 r/min
切削刀盘开口率	30%
切削刀盘泡沫注入孔设置数量	8
刀具配置	4 把中心双面滚刀，31 把单面滚刀，58 把切削刀，1 把超挖刀
刀具安装方式	背装可拆卸式
泥浆泥土搅拌叶片数量	2
刀盘耐磨设计	圆周面、正面有 5 mm 厚的耐磨层
刀具耐磨设计	允许磨损值≥15 mm，极限磨损值≥20 mm
主轴承直径	3 000 mm
主轴承密封	4 道
主轴承密封工作压力	450 kPa
油缸数量	10 单+10 双
油缸型号	220/180×2 200 mm
总推进力	39 900 kN
油缸推进行程	2 200 mm
油缸油压	35 MPa
铰接系统油缸数量	14 个
收缩力	10 006 kN @ 35 MPa
推进力	12 468 kN @ 35 MPa
行程	150 mm
行程测量数量	4

续上表

项　　目	参　　数
盾尾尾部厚度	40 mm
密封形式	钢丝刷和油脂
密封排数	3
密封的寿命	≥2 km
管片拼装机	能满足内径 5.4 m、外径 6 m、宽度 1.5 m 的混凝土管片安装拆卸
回转角度	≥±200°
回转速度	1.5 r/min
驱动方式及回转力矩	液压，50 kN·m

5.2.2　主要参数计算

1. 基本数据

管片外径 6 m，内径 5.4 m，幅宽 1.5 m，分为 5+1 块；开挖面积 31 m^2，每环体积 46.5 m^3，最大工作压力 450 kPa，体积放大系数 1.5，放大后每环体积 70 m^3；管片混凝土每方 2.5 t，最大分块角度 72°，重量为 4 t；刀盘外径 6.28 m，前盾 6.25 m，中盾 6.24 m，盾尾 6.23 m，盾体长 8.54 m，重 194 t，后配套重 150 t。

2. 总推力计算

盾体摩擦力 F_1=10 344 kN，总的刀盘接触力 F_2=9 750 kN，盾构斜坡重力 F_3=172 kN，后配套摩阻力 F_4=330 kN，盾尾密封阻力 F_5=188 kN，掌子面土压力 F_6=13 939 kN。

所以，所需的总推力为 F=34 722 kN。

3. 总扭矩计算

盾构刀盘附属设备转动所需扭矩 148.98 kN·m，刀盘转动扭矩 102.1 kN·m，切削刀扭矩 129.62 kN·m，碎岩刀扭矩 112.34 kN·m，土压仓土体转动扭矩 2 485.69 kN·m。

因此，所需的总扭矩为 2 978.73 kN·m。

4. 推进油缸计算

油缸直径 220 mm，杆直径 180 mm，行程 2.2 m，最大压力 35 MPa，油缸数量 30 个。每个油缸推力为 1 330 kN，30 个油缸总推力为 39 900 kN，大于需要的总推力 34 722 kN。

被动铰接油缸直径 180 mm，杆直径 80 mm，行程 150 mm，最大工作压力 35 MPa，油缸数量 14 个。每个油缸拉力为 715 kN，总的拉力为 10 010 kN，大于所需的 4 482 kN。

5. 螺旋输送机计算

盾构机最大推进速度每分钟 80 mm，螺旋机最大转动速度 22.1 r/min，直径 800 mm，轴直径 220 mm，螺旋机每小时输送体积 388 m^3，大于所需的 223 m^3。

6. 注浆量计算

刀盘直径 6.28 m，管片外径 6 m，管片幅宽 1.5 m，每环需要填充的体积 4.05 m^3。砂浆安全系数为 1.2，则所需要砂浆为 4.9 m^3，每个砂浆车能提供 6 m^3，大于 4.9 m^3。

最大掘进速度每分钟 80 mm，所需要砂浆流量为 13 m^3/h，砂浆系数 1.2，则每小时需要砂浆 15.6 m^3。砂浆泵采用 KSP12，最大压力 3 MPa，泵流量每小时 10 m^3，2 台为 20 m^3，大于所需要的 15.6 m^3。

7. 总功率计算

辅助设备功率 22 kW，管片拼装机 45 kW，冷却系统 11 kW，液压马达 945 kW，注浆泵 37 kW，超挖刀 7.5 kW，螺旋输送机 200 kW，推进油缸 75 kW；润滑 4.37 kW，泡沫与注浆管路 16.5 kW，水冷却 15 kW，膨润土与聚合物泵 5.87 kW；二次通风 15 kW，照明 50 kW，传送带 30 kW。合计总功率为 1 479 kW。

5.3 盾构掘进参数试验

5.3.1 试验段选取

为了保证盾构机在穿越笋洪区间广深铁路笋岗火车站施工期间

的安全，设置了长度为 60 m 的试验段，里程为 DK27＋290.955～DK27＋230.955，穿越地层为（324～361 环）上部强风化、下部中风化混合岩，324～333 环底部有微风化混合岩，选 324～361 环为试验段。

5.3.2 掘进参数试验

掘进中掌子面土压、总推力、掘进速度、刀盘转速、刀盘扭矩、同步注浆量和每环出土量分别如图 5.3－1～图 5.3－7 所示。该盾构试验段各项掘进参数见表 5.3－1。

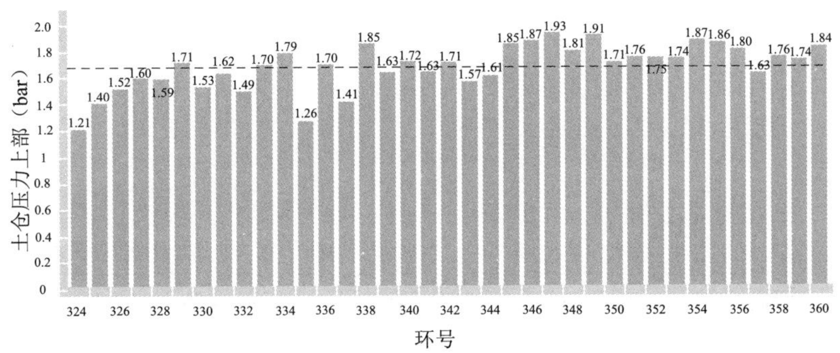

图 5.3－1　各环掘进土压平均值

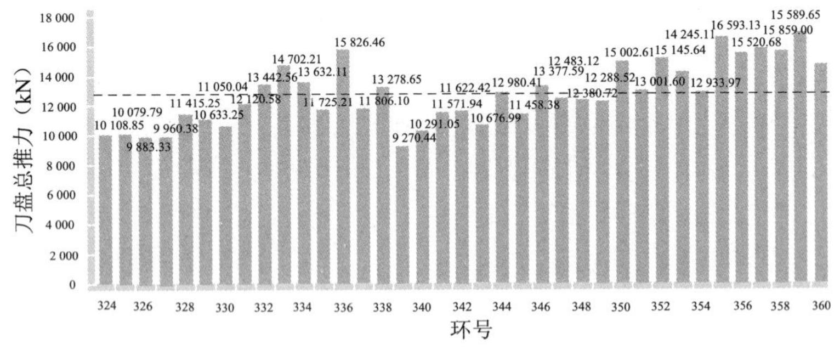

图 5.3－2　各环平均总推力

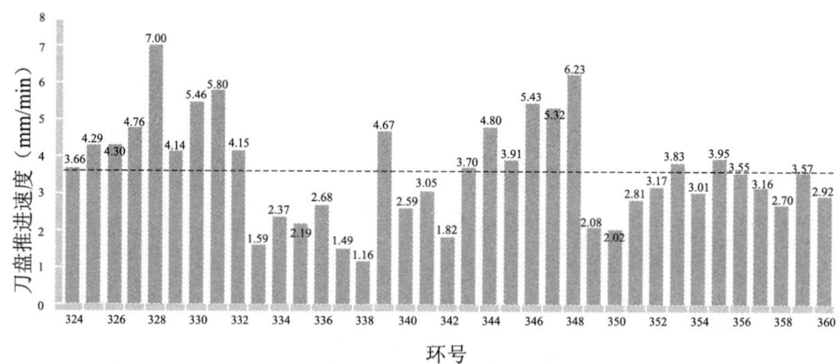

图 5.3-3 各环掘进速度平均值

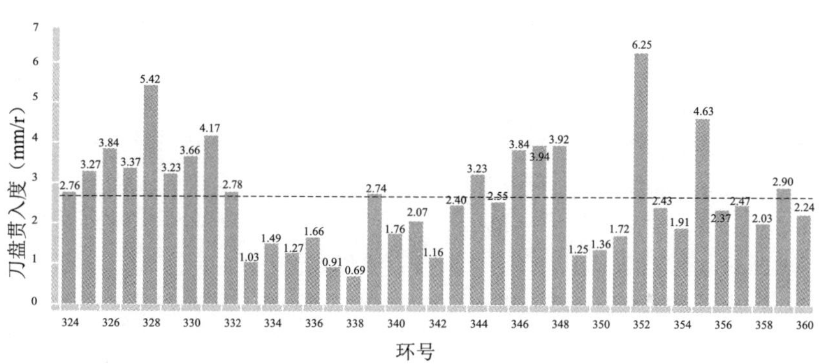

图 5.3-4 各环刀盘贯入度平均值

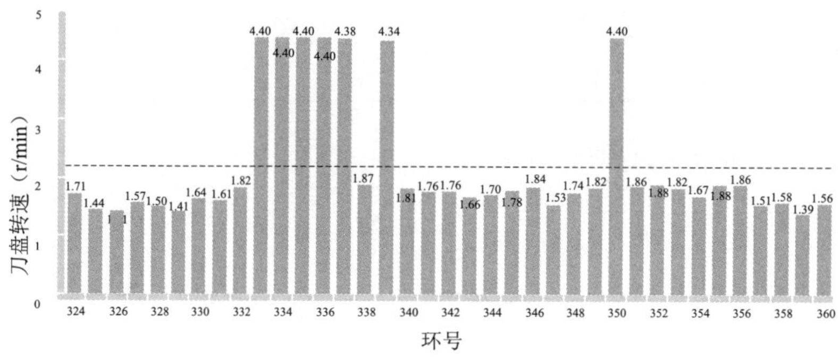

图 5.3-5 各环刀盘转速平均值

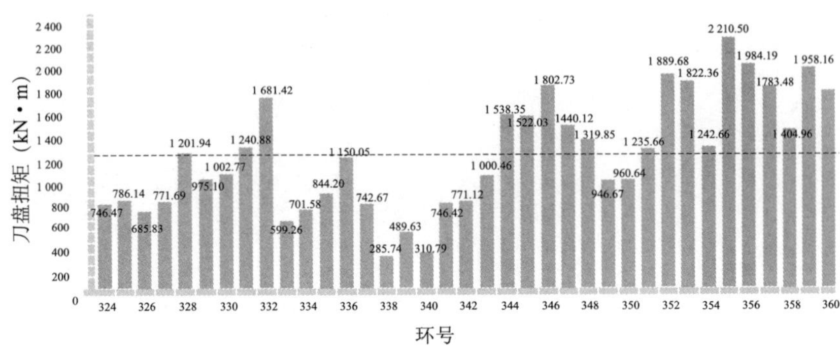

图 5.3－6　各环刀盘扭矩平均值

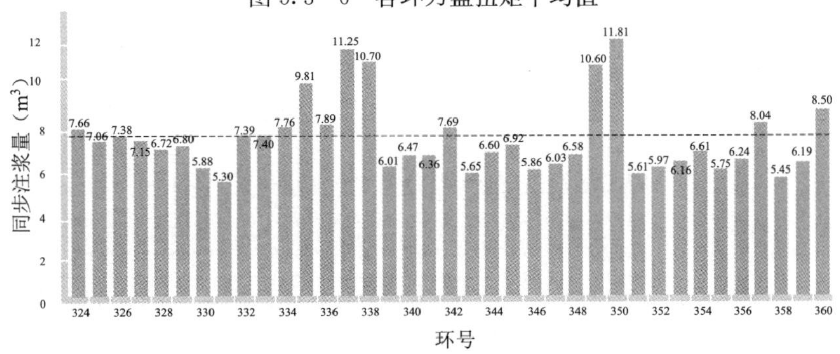

图 5.3－7　各环同步注浆量

表 5.3－1　掘进参数表

土压(bar)	总推力(t)	速度(mm/min)	刀盘转速(r/min)	刀盘贯入度(mm/r)	刀盘扭矩(MN·m)	同步注浆量(m^3)	出土量(m^3)
1.6～1.9	1 200～1 600	2～7	1.5～1.8	2～6	1.2～2.2	6～7	63～67

5.3.3　试验段监测数据分析

掘进中地表沉降监测结果见表 5.3－2。由表可见，该试验段地表最大沉降量为－3.67 mm，在控制范围(＋10 mm，－30 mm)内。

掘进中管片姿态监测结果见表 5.3－3。由表可见，该试验段隧道管片姿态变化，水平偏差最大值为－30 mm，垂直偏差最大值为－23 mm，均在成型管片变形控制规范允许值内。

表 5.3－2　掘进中地表沉降

起算基准点	HHBM3		上次观测日期	2014 年 10 月 11 日	本次观测日期	2014 年 10 月 12 日	里　程	备　注
监测点	初始标高（m）	上次标高（m）	本次标高（m）	本次沉降量（mm）	速率（mm/d）	总沉降量（mm）		
SH66-6	11.701 22	11.700 01	11.700 56	0.55	0.55	－0.66	DK27＋272	布吉河西侧
SH67-1	11.818 53	11.817 55	11.817 78	0.23	0.23	－0.75	DK27＋264	
SH67-2	11.827 06	11.826 40	11.825 74	－0.66	－0.66	－1.32		
SH67-3	11.843 61	11.842 53	11.842 53	0.00	0.00	－1.08		
SH67-4	11.813 17	11.813 21	11.812 93	－0.28	－0.28	－0.24		
SH67-5	11.738 29	11.737 88	11.738 02	0.14	0.14	－0.27		
SH68-1	11.953 91	11.953 17	11.953 39	0.22	0.22	－0.52	DK27＋253	
SH68-2	11.916 04	11.915 48	11.914 78	－0.70	－0.70	－1.26		
SH68-3	11.908 03	11.907 09	11.907 33	0.24	0.24	－0.70		
SH68-4	12.007 95	12.006 67	12.006 78	0.11	0.11	－1.17		
G1-1	10.467 68	10.467 40	10.467 44	0.04	0.04	－0.24		
G1-2	10.426 79	10.424 91	10.425 32	0.41	0.41	－1.47		
G1-3	10.417 08	10.415 61	10.415 92	0.31	0.31	－1.16		
G1-4	10.462 24	10.460 19	40.460 37	0.18	0.18	－1.87		
G1-5	10.349 73	10.347 69	10.347 70	0.01	0.01	－2.03		
G2-1	10.795 73	10.794 20	10.794 44	0.24	0.24	－1.29		
G2-2	10.631 74	10.628 71	10.629 46	0.75	0.75	－2.28		
G2-3	10.770 01	10.766 57	10.766 34	－0.23	－0.23	－3.67		
G2-4	10.846 02	10.845 49	10.845 16	－0.33	－0.33	－0.86		

表 5.3－3　笋洪区间管片测量成果统计表(笋洪区间左线)

环　号	实测坐标			里　程	偏距(m)	实测圆心高程(m)	设计圆心高程(m)	水平偏差(mm)	垂直偏差(mm)	测量日期
	X	Y	Z							
第 324 环	21 857.301 02	120 847.508	−18.223	左 DK27＋292.829	−0.023	−16.386	−16.366	−23	−19	2014.10.03
第 325 环	21 856.613 91	120 846.167	−18.221	左 DK27＋291.322	−0.025	−16.384	−16.373	−25	−11	2014.10.03
第 326 环	21 855.947 11	120 844.805	−18.223	左 DK27＋289.806	−0.005	−16.386	−16.380	−5	−7	2014.10.03
第 327 环	21 855.266 61	120 843.467	−18.225	左 DK27＋288.304	−0.014	−16.388	−16.386	−14	−3	2014.10.03
第 328 环	21 854.585 41	120 842.120	−18.229	左 DK27＋286.794	−0.025	−16.392	−16.391	−25	−1	2014.10.03
第 329 环	21 853.960 23	120 840.787	−18.229	左 DK27＋285.322	0.002	−16.392	−16.396	2	4	2014.10.03
第 330 环	21 853.278 52	120 839.452	−18.234	左 DK27＋283.823	−0.026	−16.397	−16.401	−26	4	2014.10.03
第 331 环	21 852.621 09	120 838.096	−18.247	左 DK27＋282.315	−0.029	−16.410	−16.405	−29	−5	2014.10.03
第 332 环	21 851.978 43	120 836.743	−18.254	左 DK27＋280.817	−0.025	−16.417	−16.409	−25	−8	2014.10.03
第 333 环	21 851.330 88	120 835.387	−18.261	左 DK27＋279.314	−0.030	−16.424	−16.412	−30	−12	2014.10.03
第 334 环	21 850.644 62	120 833.882	−18.248	左 DK27＋277.660	−0.013	−16.411	−16.415	−13	4	2014.10.08
第 335 环	21 850.084 11	120 832.653	−18.261	左 DK27＋276.309	−0.004	−16.424	−16.417	−4	−7	2014.10.08
第 336 环	21 849.492 62	120 831.328	−18.272	左 DK27＋274.858	0.012	−16.435	−16.419	12	−16	2014.10.08
第 337 环	21 848.842 56	120 829.890	−18.278	左 DK27＋273.279	0.016	−16.441	−16.421	16	−21	2014.10.08

续上表

环　号	实测坐标			里　　程	偏距(m)	实测圆心高程(m)	设计圆心高程(m)	水平偏差(mm)	垂直偏差(mm)	测量日期
	X	Y	Z							
第 338 环	21 848.204 69	120 828.525	−18.266	左 DK27+271.773	−0.005	−16.429	−16.422	−5	−7	2014.10.08
第 339 环	21 846.987 03	120 825.772	−18.283	左 DK27+268.761	−0.002	−16.446	−16.422	−2	−23	2014.10.08
第 340 环	21 846.395 89	120 824.402	−18.276	左 DK27+267.269	0.005	−16.439	−16.422	5	−17	2014.10.08
第 341 环	21 845.791 81	120 823.018	−18.280	左 DK27+265.759	0.000	−16.443	−16.421	0	−22	2014.10.08
第 342 环	21 845.207 44	120 821.644	−18.275	左 DK27+264.265	0.004	−16.438	−16.420	4	−18	2014.10.08
第 343 环	21 844.601 19	120 820.255	−18.267	左 DK27+262.749	−0.013	−16.430	−16.418	−13	−12	2014.10.08
第 344 环	21 844.035 8	120 818.866	−18.265	左 DK27+261.249	0.003	−16.428	−16.416	3	−12	2014.10.08
第 345 环	21 843.445 41	120 817.473	−18.263	左 DK27+259.736	−0.009	−16.426	−16.413	−9	−12	2014.10.08

5.4 盾构掘进参数控制

5.4.1 盾构掘进准备

在推进前，工程技术人员根据盾构机目前的姿态、地质变化、隧道埋深、地面荷载、地表沉降、刀盘扭矩、千斤顶推力等各种勘探、测量数据信息，正确下达每班掘进指令，并即时跟踪调整。

盾构机操作人员执行指令，根据土压平衡的原理，确认土压的设定值，并将其输入土压平衡自动控制系统。

平衡压力的设定是土压平衡式盾构施工的关键，维持和调整设定的压力值又是盾构推进操作中的最重要环节，这里面包含着推力、推进速度和出土量这三者的关系，对盾构施工轴线和地层变形量的控制起主导作用，所以在盾构施工中根据不同土质和覆土厚度、地面建筑物，配合地面监测信息的分析，及时调整平衡压力值的设定，同时精确控制盾构机姿态，控制每次的纠偏量，减少对土体的扰动，并为管片拼装创造良好的条件。根据推进速度、出土量和地层变形的监测数据，及时调整注浆量，从而将轴线和地层变形控制在允许范围内。

盾构机司机根据掘进指令和前一环衬砌的姿态、间隙状况，及时、有效地调整各项掘进参数，如推进速度、千斤顶分区域油压、加注泡沫或膨润土浆液等。对初始出现的小偏差及时纠正，尽量避免盾构机走蛇行线。盾构机一次纠偏量不能过大，采用“少量多次”的纠偏原则，以减少对地层的扰动。

5.4.2 盾构掘进主要参数设定

1. 平衡压力值的设定

根据合同文件提供的地质情况及隧道埋深情况理论计算切口平衡压力。

正面平衡压力按下式计算：

$$P=K_0\gamma h \tag{5.4-1}$$

式中 P——平衡压力(包括地下水);

γ——土体的平均重度;

h——隧道埋深;

K_0——土的侧向静止平衡压力系数,一般取0.7。

盾构在掘进施工中将参照理论计算结合盾构智能化辅助决策系统预测的方法来取得平衡压力的设定值。具体施工设定值根据盾构埋深、所在位置的土层状况以及检测数据进行不断的调整。

2. 推进出土量控制

盾构掘进每环理论出土量 $Q=\pi\times R^2\times L=3.14\times(6.28\div 2)^2\times 1.5=46.4$(m³/环)(1.5 m每环),每环理论出土量乘以松散系数(1.2~1.5),约为55~69 m³。

3. 推进速度

正常推进时速度控制在4~6 cm/min之间。

4. 盾构轴线以及地面沉降量控制

盾构轴线控制偏离设计轴线不大于±50 mm;地面沉降量控制在+10~−30 mm之间。

5. 盾尾油脂的压注

在掘进施工过程中,盾尾密封用以防止地层中的泥土、泥水、地下水和衬砌外围注浆材料从盾尾间隙漏入盾构中。盾尾油脂通过安装在后配套系统中的一个气控油脂泵压注。

5.4.3 盾构掘进姿态控制技术

1. 盾构掘进姿态偏差

在掘进过程中,由于地层土质变化、千斤顶推力不均、回填注浆不均、盾尾间隙不均以及已拼管片轴线不准等因素影响,盾构机不可能完全按设计方向推进,走行轨迹犹如蛇行,因而产生姿态偏差。姿态的偏差可分为滚动偏差和方向偏差。

(1)滚动偏差

盾构掘进时,刀盘切削土体的扭矩主要靠盾构壳体与洞壁之间形成的摩擦力矩来平衡。当盾构壳体与洞壁之间产生的摩擦力不能平衡刀盘切削土体产生的扭矩时,出现盾构机的滚动。过大的滚动会引起隧道轴线的偏斜,也会影响管片的拼装。

(2)方向偏差

盾构在掘进过程中,由于各种因素的影响会产生竖直方向和水平方向的偏差。

①盾构所受外力不均衡产生的方向偏差

盾构在地层中受多个外力作用,这些外力随地层的土质情况、覆土厚度的变化而变化,若不及时调整掘进参数或参数设置不合理就会产生轴线偏差。

②成环管片轴线对盾构轴线的影响

盾构推进反力支点设在成环管片上,当成环管片轴线控制不理想时,就会对盾构轴线产生影响,产生方向偏差。

③盾尾间隙的影响

尚未脱离盾尾的管片外弧面与盾壳内弧面的间隙,称为盾尾间隙。当一侧盾尾间隙为零、盾构需向另一侧纠偏时,就会在该侧盾尾和管片外弧面间产生摩擦阻力,同时因无盾尾间隙纠偏困难,从而对盾构轴线的控制产生影响。

④同步注浆产生的反力对盾构轴线的影响

注浆时,由于各种原因而不能保证对称作业或浆液注入量、注入速度控制不得当,则注浆产生的反力将使盾构轴线产生偏差。

⑤盾构本身结构的影响

由于盾构各部位结构影响,其重心位置趋前,在松软地层中“扎头”现象普遍存在。

2. 盾构掘进姿态监测

通过人工监测和自动监测两种监测方法对盾构掘进姿态进行监测。盾构掘进时,自动监测与人工监测同时使用,通过二者的相互配合,提高盾构姿态监测的精度。

(1)自动监测

采用 VMT 软件导向系统对盾构机的位置和情况进行连续测量。该系统是在一固定基准点发出激光束的基础上,根据盾构机所处位置计算其对设计线路的偏差,并将信息反映在大型显示器上。监测装置安设在主控室内,操作人员通过控制系统进行调整。

用目标装置(激光靶板)和倾角罗盘仪测量盾构机的位置。激光靶板测量激光束的入射点位置和入射角大小,倾角罗盘仪测量盾构机在两个方向的转角。

(2)人工监测

采用通用的光学测量仪器(如全站仪、水准仪等)对盾构的姿态进行监测。

①滚动角的监测

用电子水准仪测量高程差,计算出滚动圆心角。在切口环隔墙后方对称设置两点(测量标志),使该两点的连线为一水平线并且其长度为一定值,测量两点的高程差,即可算出滚动角,如图 5.4-1 所示。图中,A、B 为测量标志,a、b 为盾构机发生滚动后测量标志所处的新位置,H_a、H_b 为 a、b 两点的高程,α 为盾构机的滚动圆心角。

线段 AB=定值,$OA=OB$,$\alpha=\arcsin[(H_b-H_a)/AB]$。如果 $H_b-H_a>0$,表明盾构机逆时针方向滚动;如果 $H_b-H_a<0$,表明盾构机顺时针方向滚动。

②竖直方向角的监测

采用全站仪直接测量盾构的俯仰角变化,上仰或下俯时其角度增量的变化方向相反。

③水平方向角的监测

采用全站仪直接测量盾构的左右摆动,左摆或右摆时其水平方向角的变化方向相反。

3. 盾构掘进姿态控制技术

盾构机姿态的控制包括纠偏和曲线段施工两种情况。

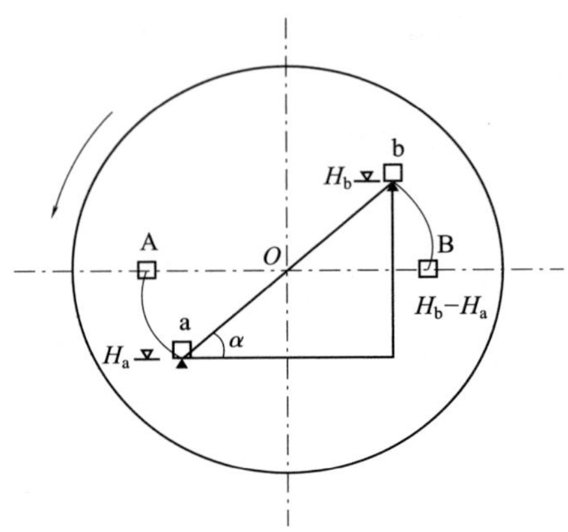

图 5.4-1　滚动角计算图

(1)滚动纠偏

采用使盾构刀盘反转的方法来纠正滚动偏差。允许滚动偏差不大于 1.5°,当超过 1.5°时,盾构机报警,盾构机司机通过切换刀盘旋转方向进行反转纠偏。

(2)竖直方向纠偏

控制盾构机方向的主要因素是千斤顶的单侧推力,它与盾构机姿态变化量间的关系比较离散,靠操作人员的经验来控制。

当盾构机出现下俯时,加大下端千斤顶的推力进行纠偏;当盾构机出现上仰时,加大上端千斤顶的推力进行纠偏。

(3)水平方向纠偏

与竖直方向纠偏的原理一样,左偏时加大左侧千斤顶的推力进行纠偏;右偏时加大右侧千斤顶的推力进行纠偏。

(4)特殊地层下的姿态控制技术

盾构通过复合地层(即作业面土体的抗压强度等力学性能指标存在很大差异的地层)时,根据掌子面的地质情况,对液压推进油缸进行分区操作。

液压推进油缸的分区,采用如下控制技术:

采用一台电液比例调速泵,向所有的推进油缸供油。将全部推进油缸分为 A、B、C、D 四个区域(图 5.4-2),每个区域的油缸编为一组,每组油缸设一电磁比例减压阀,用来调节该组推进油缸的工作压力,借此控制或纠正盾构掘进机的前进方向。在每组推进油缸中,有一个油缸装有位移传感器,用于标示该区域的行程,从而显示整个盾构机的推进状态。

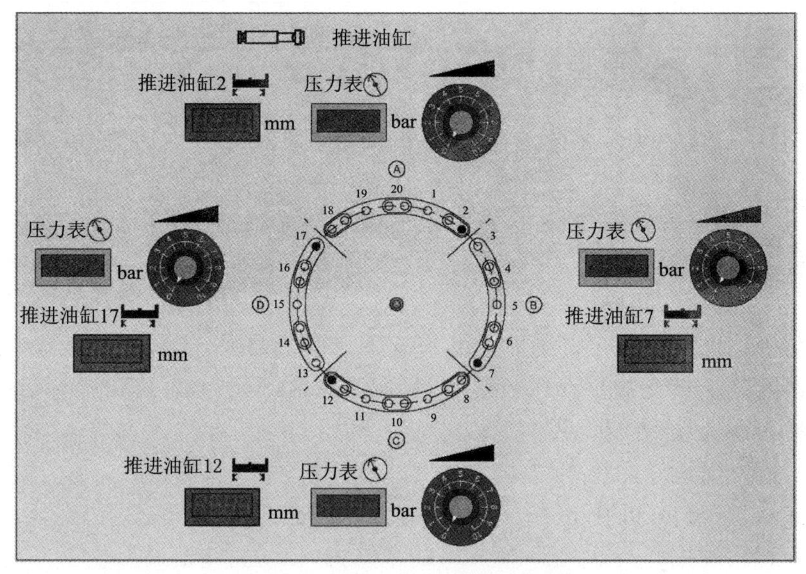

图 5.4-2 液压推进油缸的分区图

当盾构机发生上仰偏斜时,可以适当调节 A 区及 C 区油缸压力,即将 A 区油缸压力升高,C 区油缸压力降低,同时观察 A 区及 C 区的行程显示,以达到调节推进方向的目的。

(5)曲线段姿态控制技术

在曲线地段(包括平面曲线和竖向曲线)施工时,对推进油缸实行分区操作,使盾构机按预期的方向进行调向运动,分区操作方法见表 5.4-1。

表 5.4-1 分区操作方法表

油缸分区	盾构机预期走行方向				
	直线	左转	右转	上仰	下俯
A	加压	加压	加压	减压	加压
B	加压	减压	加压	加压	加压
C	加压	加压	加压	加压	减压
D	加压	加压	减压	加压	加压

4. 纠偏注意事项

(1)在切换刀盘转动方向时，保留适当时间间隔，切换速度不宜过快。

(2)出现偏差，及时根据掌子面地层情况调整掘进参数，调整掘进方向，避免引起更大的偏差。

(3)蛇行的修正以长距离缓慢修正为原则，如修正过急，蛇行反而会更加严重。在直线推进的情况下，选取盾构当时所在位置点与设计线上远方的一点作一直线，然后再以这条线为新的基准进行线形管理。在曲线推进的情况下，使盾构机当时所在位置点与远方点的连线同设计曲线相切。

(4)盾构机掘进纠偏时，调差值控制在平面调差折角小于0.4%、高程调差不大于20 mm的范围内，以防止纠偏过激。

5.4.4 下穿高铁轨道群盾构掘进参数控制

下穿高铁轨道群成功的关键点之一是控制好盾构掘进时的施工参数：土压力、总推力、注浆量、贯入度、推进速度、刀盘扭矩和转速、出土量等。

1. 土仓压力

埋深12.46～14.92 m，土仓压力范围为143～167 kPa，每环具体的土仓压力见表5.4-2。

表 5.4-2 笋洪区间右线掘进每环土压力计算表

环号	土压力 P(kPa)	P_1 (kPa)	附加荷载 P_2(kPa)	土的侧向静止土压力系数 K	加权容重 γ (kN/m³)	覆土厚度 h (m)
362	165	279.1	20	0.52	19	14.69
363	164	276.9	20	0.52	19	14.57
364	163	274.7	20	0.52	19	14.46
365	162	272.5	20	0.52	19	14.34
366	161	270.3	20	0.52	19	14.22
367	160	270.1	20	0.52	19	14.22
368	160	270.0	20	0.52	19	14.21
369	160	269.8	20	0.52	19	14.20
370	160	269.7	20	0.52	19	14.19
371	160	269.5	20	0.52	19	14.19
372	160	269.4	20	0.52	19	14.18
373	160	269.3	20	0.52	19	14.17
374	160	269.1	20	0.52	19	14.16
375	160	269.0	20	0.52	19	14.16
376	160	268.8	20	0.52	19	14.15
377	160	268.7	20	0.52	19	14.14
378	160	268.5	20	0.52	19	14.13
379	160	268.4	20	0.52	19	14.13
380	159	268.3	20	0.52	19	14.12
381	159	268.1	20	0.52	19	14.11
382	159	268.0	20	0.52	19	14.10
383	159	267.8	20	0.52	19	14.10
384	159	267.7	20	0.52	19	14.09
385	159	267.5	20	0.52	19	14.08
386	159	267.4	20	0.52	19	14.07

续上表

环号	土压力 P(kPa)	P_1 (kPa)	附加荷载 P_2(kPa)	土的侧向静止土压力系数 K	加权容重 γ (kN/m^3)	覆土厚度 h (m)
387	159	267.3	20	0.52	19	14.07
388	159	267.1	20	0.52	19	14.06
389	159	267.0	20	0.52	19	14.05
390	159	266.8	20	0.52	19	14.04
391	159	266.7	20	0.52	19	14.04
392	159	266.6	20	0.52	19	14.03
393	159	266.4	20	0.52	19	14.02
394	158	266.3	20	0.52	19	14.01
395	158	266.1	20	0.52	19	14.01
396	158	266.0	20	0.52	19	14.00
397	158	265.8	20	0.52	19	13.99
398	158	265.7	20	0.52	19	13.98
399	158	265.6	20	0.52	19	13.98
400	158	265.4	20	0.52	19	13.97
401	158	265.3	20	0.52	19	13.96
402	158	265.1	20	0.52	19	13.95
403	158	265.0	20	0.52	19	13.95
404	158	264.8	20	0.52	19	13.94
405	158	264.7	20	0.52	19	13.93
406	158	264.6	20	0.52	19	13.92
407	157	264.4	20	0.52	19	13.92
408	157	264.3	20	0.52	19	13.91
409	157	264.1	20	0.52	19	13.90
410	157	264.0	20	0.52	19	13.89
411	157	263.6	20	0.52	19	13.87

续上表

环号	土压力 P(kPa)	P_1 (kPa)	附加荷载 P_2(kPa)	土的侧向静止土压力系数 K	加权容重 γ (kN/m³)	覆土厚度 h (m)
412	157	263.2	20	0.52	19	13.85
413	157	262.8	20	0.52	19	13.83
414	156	262.4	20	0.52	19	13.81
415	156	262.0	20	0.52	19	13.79
416	156	261.6	20	0.52	19	13.77
417	156	261.3	20	0.52	19	13.75
418	156	260.9	20	0.52	19	13.73
419	155	260.5	20	0.52	19	13.71
420	155	260.1	20	0.52	19	13.69
421	155	259.7	20	0.52	19	13.67
422	155	259.3	20	0.52	19	13.65
423	155	258.9	20	0.52	19	13.63
424	154	258.5	20	0.52	19	13.61
425	154	258.1	20	0.52	19	13.59
426	154	257.8	20	0.52	19	13.57
427	154	257.4	20	0.52	19	13.55
428	154	257.0	20	0.52	19	13.53
429	153	256.6	20	0.52	19	13.50
430	153	256.2	20	0.52	19	13.48
431	153	255.8	20	0.52	19	13.46
432	153	255.4	20	0.52	19	13.44
433	153	255.0	20	0.52	19	13.42
434	152	254.6	20	0.52	19	13.40
435	152	254.2	20	0.52	19	13.38
436	152	253.9	20	0.52	19	13.36

续上表

环号	土压力 P(kPa)	P_1 (kPa)	附加荷载 P_2(kPa)	土的侧向静止土压力系数 K	加权容重 γ (kN/m³)	覆土厚度 h (m)
437	152	253.5	20	0.52	19	13.34
438	152	253.1	20	0.52	19	13.32
439	151	252.7	20	0.52	19	13.30
440	151	252.3	20	0.52	19	13.28
441	151	251.9	20	0.52	19	13.26
442	151	251.5	20	0.52	19	13.24
443	151	251.1	20	0.52	19	13.22
444	150	250.7	20	0.52	19	13.20
445	150	250.4	20	0.52	19	13.18
446	150	250.0	20	0.52	19	13.16
447	150	249.6	20	0.52	19	13.14
448	150	249.2	20	0.52	19	13.12
449	149	248.8	20	0.52	19	13.09
450	149	248.4	20	0.52	19	13.07
451	149	248.0	20	0.52	19	13.05
452	149	247.6	20	0.52	19	13.03
453	149	247.2	20	0.52	19	13.01
454	148	246.8	20	0.52	19	12.99
455	148	246.5	20	0.52	19	12.97
456	148	246.1	20	0.52	19	12.95
457	148	245.7	20	0.52	19	12.93
458	148	245.3	20	0.52	19	12.91
459	147	244.9	20	0.52	19	12.89
460	147	244.5	20	0.52	19	12.87
461	147	244.1	20	0.52	19	12.85

续上表

环号	土压力 P(kPa)	P_1 (kPa)	附加荷载 P_2(kPa)	土的侧向静止土压力系数 K	加权容重 γ (kN/m³)	覆土厚度 h (m)
462	147	243.7	20	0.52	19	12.83
463	147	243.3	20	0.52	19	12.81
464	146	243.0	20	0.52	19	12.79
465	146	242.6	20	0.52	19	12.77
466	146	242.2	20	0.52	19	12.75
467	146	241.8	20	0.52	19	12.73
468	146	241.4	20	0.52	19	12.71
469	145	241.0	20	0.52	19	12.68
470	145	240.6	20	0.52	19	12.66
471	145	240.2	20	0.52	19	12.64
472	145	239.8	20	0.52	19	12.62
473	145	239.4	20	0.52	19	12.60
474	144	239.1	20	0.52	19	12.58
475	144	238.7	20	0.52	19	12.56
476	144	238.3	20	0.52	19	12.54
477	144	237.9	20	0.52	19	12.52
478	144	237.5	20	0.52	19	12.50
479	143	237.1	20	0.52	19	12.48
480	143	236.7	20	0.52	19	12.46

注：1. 该土压力为理论计算值，现场在操作的过程中可根据现场情况进行微调。

2. 计算公式为 $P=K\times P_1+P_2$。

2. 刀盘转速

刀盘转速范围拟定为 1.5～1.8 r/min。

3. 推进速度

推进速度范围拟定为 10～40 mm/min。

4. 总推力

总推力范围拟定为 12 000～16 000 kN。

5. 刀盘扭矩

刀盘扭矩范围拟定为 1.2～2.2 MN·m。

6. 贯入度

贯入度范围拟定为 15～25 mm/r。

7. 同步注浆量

同步注浆量拟定为 6～8 m^3/环。

8. 出土量

盾构每环的掘进长度为 1.5 m，掘进每环的原状土计算量为 46.4 m^3。根据实际盾构施工经验、本段的土质情况及渣土改良效果，暂时考虑按 1.3～1.35 倍的系数计算，即每环需运输土方量为 60～63 m^3。在盾构出土时严格控制出土量，按照土斗容积为 16 m^3，每出一斗土，盾构进尺约 40 cm，掘进的时候按照进尺和土压均匀控制出土量。

5.4.5 管片拼装控制

1. 管片生产

管片生产制作工艺流程：模具组装→模具调校→钢筋骨架入模及预埋件安装→混凝土浇筑成型→蒸汽养护(蒸养窑养护)→脱模→成品检验及标识→运至水池养护。

(1)模具组装

在钢筋笼吊入之前，对模具特别是内弧面进行彻底的清理，然后按照先内后外、先中间后四周的顺序用扭力扳手上紧四片活动挡板，并设专人负责涂抹脱模剂。脱模剂要涂均匀，对于流淌的脱模剂要用棉纱擦去。

(2)模具调校

组装好模具后，由专职模具检测人员对其宽度、弧长、手孔位进行测量，不合格者及时进行调校，必须达到模具限定公差范围，以保证成品精度。

(3)钢筋笼的制作、运输

①钢筋笼制作工艺流程

钢筋原材料检验→调直、断料→弯弧、弯曲→部件检查→部件焊接→钢筋骨架成型焊接→钢筋笼检验。

②钢筋笼制作技术措施

严格控制钢筋的原材料质量,严禁使用未经检验和检验不合格的钢筋。钢筋的调直、下料、弯弧、弯曲均采用人工配合钢筋加工机械完成,然后进行部件检查,不合格的钢筋部件严禁使用,合格部件可用于钢筋笼加工。钢筋需在钢筋笼加靠模上用 CO_2 保护焊机焊接成型。成型后由检验员进行检查,针对管片的块号检查钢筋直径、数量、间距、焊接牢固情况,检查后进行标识。钢筋笼检验合格后,用桥吊将钢筋笼放置在钢筋笼存放区。使用时用桥吊将钢筋笼装吊运到混凝土车间使用。钢筋笼存放时注意采取防锈防蚀措施。

(4)钢筋笼入模及预埋件安装

①由专人按模具的型号规格将钢筋骨架、预埋件、螺旋构造钢筋、弯曲螺栓分别摆放在模具附近指定位置。

②检查钢筋骨架是否具备绿色合格标识牌,合格后安装上保护层垫块。垫块根据不同部位分别选用齿轮型和支架型两种。其中支架型用于底部,对称设垫 6 只,封顶块底部对称设垫 4 只;齿轮型用于侧面,每块两侧面设垫 6 只,封顶块设垫 4 只,端面每块两侧设垫均为 4 只。钢筋骨架按模具规格对号入模。起吊过程必须平稳,不得使钢筋骨架与模具发生碰撞。

③安放预埋管时,先将管套上螺旋钢筋,将螺杆插入模具后进入预埋管管内,对准手孔座孔位处事先安放的垫圈,固定螺杆。螺杆头部必须全部插入到手孔座的模孔内,防止连接不紧出现缝隙造成漏浆现象。

④由专人检查各附件是否按要求安放齐全、牢固,不符合要求必须进行修正。

⑤检查钢筋骨架保护层垫块是否安放正确，保证主筋保护层厚度外侧为 40 mm、内层为 30 mm，构造筋保护层厚度为 20 mm，并以此保护层定位。

⑥如附件、附筋与骨架碰不上，可加焊短钢筋连接，焊接同时要用特殊纸皮承接掉落的焊渣，以免烫伤模具内表面，降低光洁度。

(5)混凝土搅拌、运输

①对上料系统计量装置，按规定定期检验并做好记录，保证机器运行精度。由试验工程师负责检查混凝土的搅拌质量。在搅拌中若发生称料不准或拌料质量不能保证时，必须停止搅拌，检查原因，调整后方可继续搅拌。

②混凝土配合比经过试配，经业主或监理工程师确认后才能作为管片制作的混凝土配合比。每次搅拌前，应根据含水量的变化及时调整配合比，并以调整配合比通知单进行混凝土拌制，不得随意更改配合比。

③水泥外掺料的允许误差为±1%，粗、细骨料的允许误差为±2%。

④混凝土坍落度为 2～3 cm，坍落度在现场测试，按规范检测，并如实填写记录。

⑤称量系统严格按规定的程序要求进行操作，确保称量公差始终控制在允许范围之内。

⑥搅拌时先加砂、碎石，后加入水泥、外加剂，且保证搅拌时间不少于 2 min，混凝土拌制后应及时运入车间灌注混凝土，混凝土应随拌随用。

(6)混凝土灌注、振捣、抹面

①模具进入浇捣工位后即进行混凝土浇筑，混凝土由皮带机从搅拌站输送至固定灌注点(浇捣工位)入模，启动振动台进行振捣。

②振捣过程中须观察模具各紧固螺栓、螺杆以及其他预埋件的情况，若发生变形或移位，立即停止浇筑、振捣，尽快在已浇筑混凝土凝结前修整好。

③为确保产品振捣质量，采取边浇筑边振捣的施工方法。实际操作振动时间根据混凝土的流动性掌握，目视混凝土不再下沉或出现气泡为止。

④因为管片的配筋率较高，钢筋非常密，振动时间不足会使管片的表面出现蜂窝麻面，并且影响抗渗性能，振捣时间过长会导致混凝土的离析，应根据施工实际情况确定合理的振捣时间。

(7)收水、抹面

①混凝土浇捣后，根据气温，间隔 10 min 才可拆除压板，进行管片外弧面收水工序。

②外弧面收水，先用刮板刮去多余混凝土，使管片弧面同钢模外弧保持和顺与平整，后用拉尺抹平压实，用铁板油光，然后根据气温再间隔一定时间做管片外弧面第二次收水。

③混凝土初凝前应转动一下模心棒，但严禁向外抽动；当混凝土初凝后再次转动模心棒，待 2 h 后才能拔出模心棒，以防止坍孔现象产生。

(8)蒸养、脱模、起吊

采用蒸汽养护以提高混凝土脱模强度、缩短养护时间，为加快模具周转创造条件。养护分两班进行，每班 12 h，设专人负责。

混凝土浇筑完成后，经过 6 个工位的移动后进入预热窑进行升温。为防止温度升高过快造成混凝土膨胀损害内部结构，要求升温速度每小时不超过 15 ℃。随着模具的移动，管片进入恒温区，最高温度为 60 ℃，恒温时间 4 h，在恒温时相对湿度不小于 90%，紧接着管片模具进入降温区，在降温阶段降温速度要求每小时不超过 10 ℃，蒸养后管片温度与外界温度差不得大于 20 ℃。温度控制采用温度控制报警器，派专人负责定时监控升温、衡温、降温情况，填好蒸养温度记录表，以保证管片表面不出现温度裂缝。最后模具移出蒸养窑，进入脱模工位，利用桥吊进行脱模。

(9)管片水池养护和喷淋养护

将放置管片的轨行平板车牵引水养池边，然后用桥吊起吊管片，将管片放置于水池中进行养护。管片在水池中养护时，应经常检查水温，防止水温过高和过低影响管片的强度增长。在水池中养护 7 d 后，吊起管片，放置在翻转架翻转后用叉车转运到临时堆放场的喷淋养护区，再进行 7 d 的喷淋养护。

养护工作完成后，运至存放场地，下垫方木(15 cm×15 cm)，最高堆放层数为 4 层。存放时要对场地进行合理的规划，防止出现到期的管片转不出来的现象。有序地存放于场地，达到 28 d 龄期后可以出厂用于施工。

管片转运过程应轻吊轻放，防止损坏管片边角，喷淋养护时应设专人经常喷淋，避免管片表面出现干燥无水情况。

2. 管片质量验收

对运输至现场的每块管片进行检查验收，检查内容包括：

(1)管片出厂合格证。出厂合格证内容为：委托单位、区间工程名称、合格证编号、管片型号、生产日期、混凝土强度等级、混凝土抗渗指标、管片检漏指标、钢筋分项质量评级、管片厚度、防迷流指标、制表日期、监理及检验人员盖章等。

(2)钢筋混凝土管片验收合格后，方可运至工地。

(3)管片无缺角掉边，无麻面露筋，表面密实、光洁、平整。

(4)管片预埋件完好，位置正确。

(5)管片型号和生产日期的标志醒目、无误。管片要求统一进行分类标号。在每一块管片的内表面的统一位置铸上生产日期、类型、编号等。

(6)单块管片检验应符合质量标准。

3. 管片三环拼装试验

在管片正式批量生产之前，先进行试生产，检查每块管片的尺寸是否满足设计和规范要求，进行三环拼装试验，管片成型检测满足设计和规范要求后才可批量生产。

为保证结构受力性能，管片应达到以下要求：

(1)成型管片的允许偏差：宽度±1 mm，弧弦长±1 mm，厚度

－1～＋3 mm。

(2)三环拼装的允许偏差：环缝间隙 2 mm，纵缝间隙 2 mm，成环内径±2 mm，成环外径－2～＋6 mm。

与业主及监理工程师参加管片试拼装试验，并提前 15 d 通知业主及监理工程师。先在预制构件场地附近建一管片试拼装平台，然后搭制管片拼装架，再进行管片的试拼装。为了达到试拼装的目的，进行三环管片试拼装。管片要求环缝密贴，内弧面平整，且符合隧道内径的尺寸。通过调节三块管片开口处的尺寸来控制管片拼装的圆弧度。

通过管片的试拼装，检查预制管片的尺寸是否符合隧道结构的拼装要求。通过总结，对预制构件的拼装顺序、吊装工艺有进一步的了解，掌握拼装阶段应注意的问题。试拼装管片经监理工程师同意后拆卸，拆卸后的管片，经监理工程师同意后可用作永久隧道衬砌。

4. 管片的存放与运输

(1)管片存放

管片的存放包括在管片厂的存放和施工场地内的存放。

运送至现场的管片按生产日期及型号排列整齐，堆放在临时存放场地上，存放场地采用 20 cm 厚 C15 混凝土进行硬化处理。临时场地堆放量满足 50 环衬砌管片的存放。管片搁置于柔性垫条上，垫条厚度一致，搁置部位上下对应。

管片侧立堆放整齐，堆放高度不超过 3 层，并堆成上小下大状，以防倾倒。

(2)管片运输

管片的运输包括管片厂内的运输、从管片厂到施工现场的运输和进入掌子面的运输。

管片在吊运、堆放、装卸、运输时由专人指挥，防止碰撞损坏。

管片运输采用有专用支架的运输车辆，运输过程中管片内弧面向上平稳放置。

在同一车内装运两层管片(不超过两层)时，管片之间附有柔性材料的垫料。

5. 管片拼装

(1)管片起吊、移动、就位

管片由始发井口 45 t 龙门吊自临时堆放场地吊放在井下的管片运输平板车上,运至管片吊装面。用管片吊机将管片从运输平板车上吊起,转 90°送至堆放平台上,用管片吊机吊起管片移动至盾尾放在管片运输台架上,管片运输台架前行至管片拼装机下方,拼装时,管片拼装机按从下向上次序安装管片。待底部管片就位后,依次拼装两侧的标准管片和邻接管片,最后安装封顶管片,封顶块搭接其长度的 1/2(进出洞处特殊环衬砌先搭接 1/3),径向推上,然后纵向插入成环。安装机尽量居中安装,以减少接缝出现错台,保证拼装质量。

(2)连接螺栓

管片就位后立即安装并拧紧螺栓,以固定管片位置,控制接缝张角。管片拼装成环后再拧紧一次,待推出盾尾至 10 环时再复紧一次。

(3)千斤顶控制

为了既能安装管片,又能保持千斤顶对工作面的推力,采取安装哪个部位的管片,就可以收回该部位的千斤顶的方法,管片安好后,千斤顶立即顶紧该管片,其余千斤顶维持工作状态。这样可以保持工作面推力,盾构不致后退。

(4)拼装技术

管片拼装方式包括管片环间拼装方式和封顶块插入方式。环间拼装方式有通缝拼装和错缝拼装两种。通缝拼装施工简单,但它的质量通病是纵缝质量不符合要求:前后喇叭、内外张角等,管片缺角、掉边及断裂等;错缝拼装可提高管片接缝刚度,改善接缝防水性能,但若管片制作及拼装精度不够理想,施工中管片接缝处混凝土易被顶裂,应根据操作要求并结合以往的施工经验在施工中防止,积极纠正。本标段区间管片环间拼装方式采用错缝拼装。

①对于盾构推进，第一环的拼装质量对于整条隧道的拼装具有基准面的作用，因此严格控制第一环管片的拼装质量使之达到规定的要求。第一环管片是在工作井内负环之后拼装，拼装工作在井内的盾构基座上进行，拼好的管片高程、方向、坡度均容易控制。

②保证管片和缓冲材料的质量符合拼装的要求。管片的强度、几何尺寸、纵向和横向螺丝孔的位置、直径都要保证满足质量标准。缓冲材料的质量要符合拼装工艺的要求，确保缓冲材料的强度、压缩性能、回弹性能、材料均匀性能、材料的厚度误差均满足要求。

③保证管片拼装的质量。管片的拼装质量符合质量标准的要求，保证施工符合设计规定、满足使用的要求，是顺利、安全、优质地完成盾构推进任务的最基本要求。

a. 加强螺栓的一次拧紧和多次复紧工作。整条隧道由数千块管片组合而成，靠纵向、环向螺栓连接，螺栓连接的质量是隧道衬砌整体性关键。螺栓拧紧不足，管片成环后容易造成在千斤顶作用下错位，降低了环面平整度，从而直接影响下一环拼装。拧紧和复紧可以提高成环的质量，尤其是多次复紧更有利于提高成环的圆度。

b. 每环拼装结束后及时拧紧纵、环向螺栓，在推进下一环时，在千斤顶顶力的作用下，复紧纵向螺栓。当成环管片推出车架后，再次复紧纵、环向螺栓。隧道贯通后，第四次复紧纵、环向螺栓。

④加强盾构姿态的控制。盾构姿态的控制与管片拼装质量的控制是相辅相成的，精确的盾构姿态控制可以为管片的精确拼装提供条件，是提高拼装质量的基础，也可为盾构的推进创造有利条件。

⑤管片表面不得出现裂缝、破损、调角等现象。对拼装过程中的破损进行修复，修复方案报监理工程师批准后执行。

⑥管片每生产 100 环利用专用拼装平台对管片进行试拼装，对管片制作质量进行检查，对生产工艺及时作出调整。

6. 管片拼装质量控制

(1)管片拼装技术标准

地铁区间隧道盾构施工管片质量标准如下：

①衬砌成环后直径允许偏差:12 mm。

②相邻环环面间隙:不大于 1 mm。

③纵缝相邻块块间间隙:不大于 1 mm。

④对应的环向螺栓不同轴度:不大于 1 mm

⑤相邻环管片的允许高差(踏步允许值):4 mm。

⑥相邻管片肋面不平整度偏差:3 mm。。

⑦螺栓连接穿进:环向螺栓和纵向螺栓,100%穿进。

⑧盾构轴线控制:高程、平面控制均为 50 mm。

⑨管片无贯穿裂缝,无大于 0.2 mm 宽的裂缝及混凝土剥落现象。

(2)管片纠偏

盾构轴线的纠偏首先是衬砌的纠偏,力争使衬砌的环面与设计轴线接近垂直。轴线的纠偏是一个过程,要连续几环才能得到控制。在出现偏离轴线趋势时,及时调整千斤顶的行程差,必要时加贴纠偏楔子进行纠偏。

①平面轴线纠偏采用左、右千斤顶的行程差来控制。纠偏做到勤测勤纠,纠偏量每环控制在 4 mm 以内,避免过量纠偏而增加地层的扰动、增加地面沉降以及对建筑物造成危害,同时使环缝加大而引起漏水。

②管片在拼装前查看前一环管片与盾尾间隙,结合前环成果报表决定本环纠偏量和措施。

③管片拼装防止出现内外张角、踏步和前后喇叭,保证管片拼装精度。

(3)拼装椭圆度控制

管片拼装成环后,及时检查其椭圆度,方法是用钢卷尺或插尺量测管片外壁和盾壳内壁之间的间隙,每块管片测一次。根据测量成环管片的椭圆度而采取相应措施。

①利用拼装千斤顶对短轴向的管片施加压力进行整圆处理。

②紧固短轴和长轴向的环向螺丝。

（4）环向和纵向螺栓的多次紧固

每环衬砌拼装完毕后，及时靠拢千斤顶，防止盾构后退。同时及时拧紧纵、环向螺栓，在推进下一环时，在千斤顶顶力的作用下，复紧纵向螺栓。当成环管片推出盾尾后，根据拼装后的圆环椭圆度，再次复紧纵、环向螺栓，以减少管片拼装的张角和喇叭口。

连接件的属性、质量、类别、型号、供应或加工来源得到监理工程师的批准。每批连接件提供质量合格证。

对连接件的质量按 0.2%的比例进行抽查，主要是物理力学性能、外观尺寸和镀层厚度等。连接件进行防腐蚀处理。

（5）防迷流及其测试

按防迷流设计的要求，各块衬砌中钢筋、钢构件均焊接连通，外露铁件表面用钢丝刷清除水泥浆液，以确保防迷流的效果。

隧道每施工 200 m 检测分段隧道的防迷流值，隧道贯通后检测整个区间的防迷流值。在每环管片安装后及时对连接情况进行电阻测试，避免施工遗漏的积累。

5.4.6　渣土改良及出渣控制

1. 渣土改良注入口设计

刀盘面板上设有 8 个泡沫和膨润土喷口，这些喷口为三通结构，如图 5.4-3 所示。喷头处设有单向阀，刀盘背面设有清洗口，当发生喷头堵塞时能在刀盘后面疏通。泡沫喷嘴分布在刀盘不同辐臂和面板上的不同半径位置，能有效地对周围区域的刀具进行润滑，减缓刀具的磨损速度，提高刀具的使用寿命。

2. 渣土改良系统

盾构机有两套渣土改良系统——泡沫系统、膨润土（泥浆）系统，共用一套输送管路，所有管路经旋转接头到达刀盘面板。本区间隧道地层以泡沫改良为主，如果改良完的渣土和易性不足，可考虑加入膨润土进行改良。

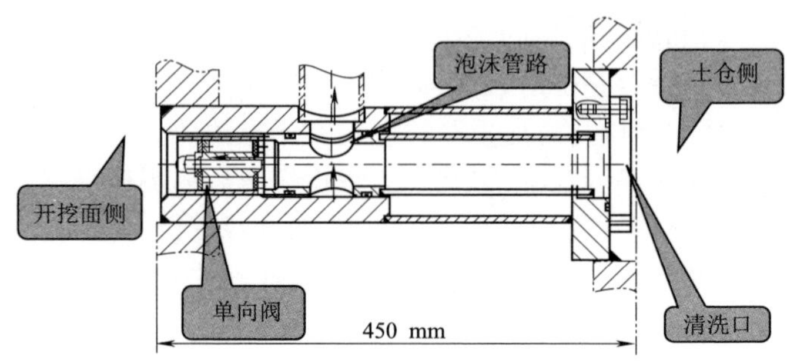

图 5.4－3　刀盘泡沫喷头示意图

(1)泡沫系统

泡沫系统主要由泡沫泵、高压水泵、电磁流量阀、泡沫发生器、压力传感器、管路、空气开关等组成,其工作原理如图 5.4－4 所示。通过泡沫注入系统可将泡沫注入到刀盘前端、土仓和螺旋输送机内。经泡沫改良的土壤有以下特点:改善了流动性,降低了渗水性,降低了对盾构机的附着,减小了对盾构机刀盘和刀具的磨损,降低了刀盘的驱动功率。

图 5.4－4　泡沫系统工作原理图

(2)膨润土系统

高密度膨润土的使用能够使开挖的渣土达到较好的黏结性，并能渗入渣土的孔隙中，从而实现止水和固结掌子面的作用，带压开仓前则可在掌子面形成泥膜。

土压平衡盾构机渣土改良系统主要通过一套膨润土注入系统实现渣土的改良。在确定不使用泡沫剂的情况下，关闭泡沫输送管道，同时将膨润土输送管道打开，通过膨润土泵将膨润土压入刀盘前端、土仓和螺旋输送机内，达到改良渣土的目的。

3. 出渣系统

螺旋输送机将渣土从盾构机土仓底部运送到皮带输送机进料端。螺旋输送机外管有 6 个螺纹接头型的物料注射孔。螺旋输送机内径(900 mm)、轴径(220 mm)和螺距(630 mm)决定了能通过的渣土的最大断面尺寸为 520 mm×340 mm，土层中大粒径岩土在被刀具破碎后基本可以排出。在停机及维护期间，螺旋输送机出料口可用滑动闸门关上，保证土仓压力的稳定，滑动闸门靠液压油缸操纵，具备在停电时自动关闭的紧急功能。

螺旋输送机输送轴前一个螺距范围内叶片为可更换的耐磨片。螺旋轴正、反转可使螺旋输送机在遇到大块石头或木头堵塞时能够脱困。通过一个液压马达带一个减速机驱动，其转速可以在 0～22 r/min 范围内实现无级调速，从而也可以很好地控制出土量。调节螺旋输送机的出土速度是控制土仓压力的重要方法之一。在正常出渣过程中，为了提高渣土的流动性，可以向螺旋输送机圆周的孔注入膨润土或泡沫。

皮带输送机可以确保弃土传送到渣车里。皮带运输机为一整体部件，包括电机、减速器和传动装置。皮带运输机的主要组成部件为：皮带、支撑结构、排料段、张紧装置、一个机械调节式的刮泥装置装于驱动器上。橡胶输送带装有横向托架，借助防振辊轴和阻尼杆来保护皮带，输送机上安装的辊轴可防止皮带偏滑，确保其正常工作。

4. 渣土改良技术

根据国内外的盾构施工经验，土压平衡盾构机在掘进过程中进行渣土改良是保证盾构施工安全、顺利、快速的一项不可缺少的重要技术手段。渣土改良具有以下作用：

一是，具有较好的土压平衡效果，利于稳定工作面，控制地表沉降。

二是，使土具有较好的止水性，以控制地下水流失。

三是，切削下来的渣土顺利快速进入土仓，并利于螺旋输送机顺利排土。

四是，有效防止渣土黏结刀盘而产生泥饼。

五是，能有效降低刀盘扭矩，降低对刀盘和螺旋输送机的磨损。

六是，能减轻螺旋输送机排土时的喷涌现象。

当泥土含砂量超过一定限度时，土和砂的流动性就变差，靠刀盘切削扰动难以使泥土达到足够的塑流状态，有时会压密固结，产生拱效应。当地下水量丰富时，通过螺旋输送机的泥土就不能起到止水作用，无法进行施工。此时，应在普通型土压平衡式盾构基础上增加特殊泥浆压注系统，即形成加泥型的土压式平衡盾构。向刀盘面板、泥土仓和螺旋输送机注入特殊材料，再通过刀盘开挖搅拌作用，使之与开挖下来的泥土混合，使其转变为流动性好和不透水性泥土，从而符合土压平衡式盾构施工要求。

结合本工程的特殊地质条件，通过盾构机配置的专用装置向刀盘面板、土仓或螺旋输送机内注入高黏度泥浆或泡沫，利用刀盘的旋转搅拌、土仓搅拌装置的搅拌或螺旋输送机的旋转搅拌使添加剂与渣土混合，使盾构切削下来的渣土具有良好的流塑性和较小的摩阻力，减少刀盘刀具的磨损。采取的主要技术如下：

(1)粉质黏性土层和全、强、中风化混合花岗岩层的掘进中，采取分别向刀盘面和土仓内注入泡沫的方法进行渣土改良，必要时可向螺旋输送机内注入泡沫。同时，采用滚刀与齿刀混合破岩削土或全齿刀削土、增大刀盘开口率等方法来防止泥饼形成。

(2)含水地段和其他含水地层采用土压平衡模式掘进时,向刀盘面、土仓内和螺旋输送机内注入膨润土,并增加对螺旋输送机内注入的膨润土,以利于螺旋输送机形成土塞效应,防止喷涌。膨润土添加量应根据具体情况确定。

(3)黏土地层中掘进时,采取向刀盘面和土仓内注入泡沫来改良渣土。泡沫注入量根据具体情况确定。

5. 螺旋输送机的参数确定

通过对开挖的渣土进行改良后,采用螺旋出土器和皮带输送机配合出渣,最后通过后配套的矿车和龙门吊运输到地面倾倒入存渣池,并通过渣车运输到专用弃土场。螺旋出土器和皮带输送机的出土能力计算如下:

(1)螺旋输送机输送量 Q

盾构机的开挖直径 $D=6.18$ m;开挖速度 $v=1.8$ m/h,$v_{\max}=3$ m/h,计算螺旋输送机的参数时取 $v_{\max}$。

①盾构掘进机的理论挖掘量 q_1

$$q_1=\frac{\pi}{4}\times D^2 v_{\max}=\frac{\pi}{4}\times 6.18^2\times 3=90.0(\mathrm{m}^3/\mathrm{h})$$

②螺旋输送机的理论出土量 q

土的松动系数取为 1.6,$q=90.0\times 1.6=144(\mathrm{m}^3/\mathrm{h})$。

③螺旋输送机的实际输送能力 Q

螺旋输送机的实际输送能力应大于盾构的理论出土量,查表取 $Q=2q=2\times 144=288(\mathrm{m}^3/\mathrm{h})$,取 $Q=320\ \mathrm{m}^3/\mathrm{h}$。

(2)螺旋输送机主要参数的确定

选定螺旋输送机的参数:螺旋外径 $D_s=800$ mm;螺旋节距 $L_s=700$ mm;转速 $n=0\sim15$ r/min。根据选定的参数重新验算螺旋输送机的输送量。

每转输送量:$Q_s=\frac{\pi}{4}\times D_s^2 L_s=\frac{\pi}{4}\times 0.8^2\times 0.7=0.35(\mathrm{m}^3/\mathrm{r})$。

$Q=60\times n\times Q_s=60\times 15\times 0.35=315(\mathrm{m}^3/\mathrm{h})$。

螺旋输送机设计输送量 $Q=400\ m^3/h>315\ m^3/h$，由计算说明所选参数能够满足盾构掘进机开挖需要。

因此，螺旋输送机的参数为：螺杆直径 $D=800$ mm；螺杆节径 $L=700$ mm；转速 $n=0\sim15$ r/min；长度为 9.5 m。

(3)皮带输送机的参数确定

皮带输送机的输送量应与螺旋输送机的输送量相匹配，也就是说，皮带输送机的输送量应为 315 m^3/h，确定皮带输送机的参数时以此为标准进行计算。

①带宽 B

带宽 B 按下式计算：

$$B\geqslant\sqrt{\frac{Q}{K_d K_v K_\beta v}} \qquad (5.4-2)$$

式中 Q——皮带输送机的实际输送量，与螺旋输送机相匹配，即 $Q=315\ m^3/h$；

K_d——断面系数，查表得 $K_d=355$；

K_v——速度系数，查表得 $K_v=0.98$；

K_β——倾角系数，查表得 $K_\beta=1$；

v——带速，$v=2.0$ m/s。

计算得 $B\geqslant\sqrt{\frac{315}{355\times0.98\times1\times2}}=673$(mm)，取标准带宽 $B=700$ mm。

②电动滚筒的轴功率 N_0

N_0 按下式计算：

$$N_0=(K_k L_h v+K_z L_h Q-0.002\ 73QH)K_f \qquad (5.4-3)$$

式中 K_k——空载运行功率系数，查表得 $K_k=0.016\ 5$；

L_h——运送长度，取 30 m；

v——带速，$v=2.5$ m/s；

K_z——水平满载运行功率系数，查表得 $K_z=10.89\times10-5=103.9$；

H——倾斜高度，$H=0.5$ m；

K_f——附加功率系数，查表得 $K_f=2.8$。

计算得 $N_0=(0.0165\times30\times2.5+103.9\times30\times315-0.00273\times315\times0.5)\times2.8=5.14$(kW)。

③电动滚筒的功率 N

N 按下式计算：

$$N\geqslant K_q N_0/\eta \tag{5.4-4}$$

式中　K_q——满载驱动系数，取 $K_q=1.0\sim1.4$，计算时取 $K_q=1.4$；

η——效率，计算时取 $\eta=0.88$。

计算得 $N\geqslant1.4\times5.14/0.88=8.2$(kW)，取 $N\geqslant10$ kW。

经过计算，皮带输送机的参数取为：输送距离 $L_h=30$ m；胶带宽度 $B=700$ mm；带速 $v=2.5$ m/s。电动滚筒：功率 $N=10$ kW；直径 $D=500$ mm；旋转线速度 $v=2.5$ m/s。

5.5 小　　结

(1)对泥水平衡式盾构机和复合式土压平衡盾构机进行比较分析可知，在满足对复合地层开挖能力、掘进速度、最小转弯半径、环境保护、设备可靠性、技术先进性和经济统一性的要求条件下，应采用复合式土压平衡盾构机。

(2)设计了盾构的主要参数，并进行了总推力和扭矩、推进油缸和铰接油缸数量、螺旋输送机能力、注浆能力和总功率计算。

(3)就盾构掘进参数进行了试验研究，包括掌子面土压、总推力、掘进速度、刀盘转速、刀盘扭矩、同步注浆量和每环出土量，并结合地表沉降监测数据和隧道管片姿态监测数据，得出了盾构掘进参数控制值。

(4)盾构机掘进姿态偏差包括滚动偏差和方向偏差，方向偏差包括盾构所受外力不均衡产生的方向偏差、成环管片轴线对盾构轴线的影响、盾尾间隙的影响、同步注浆产生的反力对盾构轴线的影响、盾构本身结构重量不均的影响。

(5)盾构机掘进姿态监测技术：采用基于激光技术的 VMT 导向

系统对盾构机姿态进行实时自动监测，并采用人工监测进行复核，包括采用电子水准仪测量高程差计算出滚动圆心角、采用全站仪直接测量盾构的俯仰角变化和左右偏差。

（6）重点介绍了盾构机掘进姿态控制技术，包括滚动纠偏、竖直方向纠偏、水平方向纠偏、上软下硬等不均匀复合地层和曲线段姿态控制技术。

（7）管片预制技术包括模具组装、模具调校、钢筋骨架入模及预埋件安装、混凝土浇筑成型、蒸汽养护、脱模、成品检验及标识、运至水池养护以及管片验收与三环拼装技术。

（8）管片的快速拼装技术包括管片的存放、运输、起吊、移动、就位、连接螺栓、千斤顶控制以及管片拼装技术标准、纠偏、椭圆度控制、环向和纵向螺栓的多次紧固、防迷流及其测试的管片快速拼装质量控制技术。

（9）盾构渣土改良及出渣系统：本区间隧道地层以泡沫改良为主，如果改良完的渣土和易性不足，可考虑加入膨润土进行改良；刀盘面板上设有 8 个泡沫和膨润土喷口，这些喷口为三通结构；出渣系统主要为螺旋输送机和皮带输送机。

（10）渣土改良是保证盾构施工安全、顺利、快速的一项不可缺少的重要技术手段，通过盾构机配置的专用装置向刀盘面、土仓或螺旋输送机内注入高黏度泥浆或泡沫，利用刀盘的旋转搅拌、土仓搅拌装置的搅拌或螺旋输送机的旋转搅拌使添加剂与渣土混合，使盾构切削下来的渣土具有良好的流塑性和较小的摩阻力，减少刀盘刀具的磨损，在确保土压调节下满足快速出渣的需要。

（11）通过对开挖的渣土进行改良后，采用螺旋出土器和皮带输送机配合出渣，最后通过后配套的矿车和龙门吊运输到地面倾倒入存渣池，并通过渣车运输到专用弃土场；详细介绍了螺旋出土器和皮带输送机出土能力的计算。

第6章　叠线盾构区间隧道下穿高铁轨道群沉降监测技术

6.1　监测目的与依据

1. 监测目的

(1)为保证广深铁路的运营及施工安全，施工期间需对铁路范围内主要设施进行全方位实时监测，发现异常及时处理。

(2)在盾构施工过程中根据监测数据及时调整各项掘进参数，实行信息化施工。

(3)对监测范围内铁路主要设施遭破坏的，在界定责任时，为其提供科学的基准数据和报告。

2. 监测依据

(1)《笋岗站～洪湖站区间盾构隧道主体结构》(深圳市市政设计研究院有限公司，2013年9月)。

(2)《笋岗站～洪湖站区间隧道下穿广深铁路加固工程施工图》(中国华西工程设计建设有限公司，2014年7月)。

(3)《城市轨道交通工程测量规范》(GB 50308—2008)。

(4)《铁路工程测量规范》(TB 10101—2009)。

(5)《建筑变形测量规范》(JGJ 8—2007)。

6.2　监测内容与频率

为了保证广深铁路的运营及施工安全，施工期间需对铁路范围内主要设施进行全方位、自动化实时监测(其中广深正线Ⅰ、Ⅱ、Ⅲ、Ⅳ采用自动化实时监测，其余采用人工监测)，根据监测数据及时调整各项施工参数，实行信息化施工。

1. 监测项目及布点要求

监测内容及布点情况如下：

(1)轨面及路基沉降测量。26 条轨道，每条轨道布置 10 个监测点，共布置 260 个监测点。

(2)信号机、转辙机沉降监测。布置 19 个监测点。

(3)接触网基础沉降监测。每个电气化立柱布置 1 个沉降观测点和 1 个倾斜观测点，该项布置 24 个观测点。

(4)彩虹桥墩基础沉降监测。布置 4 个监测点。

(5)轨道几何尺寸(水平、高低、轨距)。5 条枕木测量一个点，每条线路布置 32 个检查点，26 条股道布置 464 个检查点。

2. 监测频率

监测频率应根据监测数据变化情况、关键施工阶段的施工情况、监测断面距掘进面的距离等情况综合考虑。当监测数值出现较大变化等异常情况时，及时增大监测频率，监测频率见表 6.2。

表 6.2 监测频率

序号	监测项目	监测频率		
		掘进面距离测点前后 $<2D$	掘进面距离测点前后 $<5D$	掘进面距离测点前后 $>5D$
1	轨面沉降测量	广深正线Ⅰ、Ⅱ、Ⅲ、Ⅳ线：1 次/趟车；其他线关键时期：2 次/h，一般情况 3 次/d，之后 1 次/d		
2	轨道几何尺寸(高低、水平、轨距)			
3	站台沉降测量			
4	彩虹桥墩基础沉降监测			
5	道岔、信号机、电气化立柱基础沉降测量			

6.3 监测方法

根据现场实际情况，将盾构下穿广深铁路深圳北站影响范围分为两个监测区域，其中 J1～23 股道为电气化改造施工区域，该区域处于 24 h 开放状态且由于受施工人员及机具影响，采用人工监测；21 股道～16 股道范围为封闭区域，采用自动化监测。

由于人工测量属于常规测量，在此不作阐述，下面重点介绍自动化监测方法的比选。

纵观国内外地铁、高铁、铁路等既有线监测工程实践，目前对既有线监测主要有三种测试方式：静力式水准仪、电子水平尺系统、全自动化实时三维监测系统。

6.3.1　引张线配合静力式水准仪

1. 工作原理

电容式静力水准仪的基本工作原理：该仪器选择应用地球重力面作为基准面，采用连通管原理多点连通技术，通过储液容器中的浮子跟踪液位，根据其液面等高法原理制成的装置进行高差测量，将被测参考点的微小高差变化转换为标志杆的垂直位移，由智能传感器检测垂直位移，用单片机实现智能器件的程控驱动、信号处理和识别、数据采集、计算和通信等功能。静力水准原理如图 6.3－1 所示。

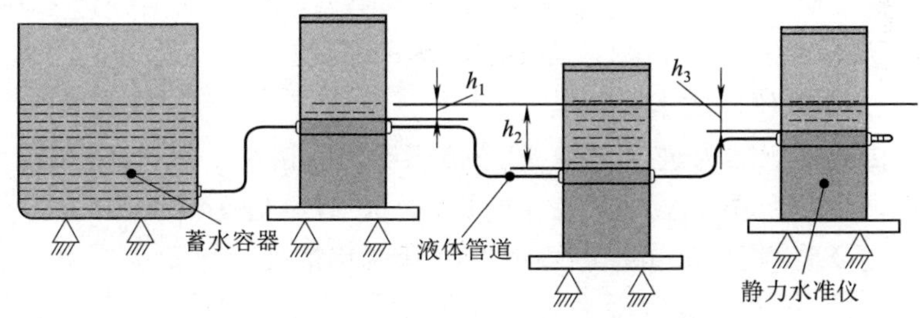

图 6.3－1　静力水准原理示意图

2. 系统精度

在理论上静力式水准仪精度可达到±0.1％F.S(F.S 表示满量程)，但是考虑到此次监测范围为 26 股道，监测区域大，且过往列车对仪器振动影响较大，将直接影响测试精度。

3. 主要仪器成本预算

根据国内市场价格，静力式水准仪的仪器购置费用在 8 000 元/个，若采用静力水准仪，本项目预计直接成本为 140 万元。

6.3.2 电子水平尺系统

1. 系统工作原理

电子水平尺，又称大地梁倾斜传感器，是一种电解液传感器，在经过适当的设计及校正后将传感器固定在特制长度的梁上，将横梁安装在需要进行变形观测的区域再将传感器连接到 CR10（智能工控模版）上，然后接入通信网络就可以用来自动化、远程监测结构物的变形情况。

当监测项目区域大、线路长时，需将若干横梁首尾连接进行安装，组成电子水平尺系统来完成监测工作。

2. 系统精度

由美国 SINCO 公司生产的传感器，其单个传感器精度非常高，可以达到 1 弧度秒，即相当于 1 根 1 m 长的横梁两端发生 0.005 mm 的高差变化。但当其组建成一个监测系统后，由于水平尺是采用近似串联安装的，误差会连续传递，某处误码差或错误如果处理不好，可能达不到良好的效果，从而造成较大的系统误差。

3. 主要仪器成本预算

由于传感器为进口产品，单个传感器的价格在人民币 10 000 元左右。上海地铁 1 号线安装 40 只电子水平尺（传感器费用约 40 万元），用以监测 80 m 范围内隧道的沉降变化情况。故若采用电子水平尺系统，仪器购置费用平均在 5 000 元/m 左右，本项目预计直接成本为 390 万元。

6.3.3 全自动化三维监测系统

1. 系统工作原理

全自动化三维监测系统是由高精度全站仪（徕卡 TCA 系列）自

动化观测技术、无线数据通信技术、计算机数据处理技术集成的。该系统主要包括实时动态基准网控制测量(含控制网平差功能)、变形点监测。从数据采集到信息发布均为自动化完成,可以在短时间间隔内迅速完成隧道监测并提供数据,是一种真正的无人值守的自动监测系统。

2. 系统精度

徕卡 TCA 系列全站仪的自动对中、整平等功能解决了列车运行时给仪器带来的振动等因素,以及其本身的高精度(测角精度≤1″,测距精度≤1 mm+1 ppm)均为保证系统奠定了基础。

实时动态基准网控制测量与变形点监测相结合,很好地解决了监测线路长、测站处于变形区域的问题,同时防止了误差累计,实现了数据的无缝连接。

系统在控制平差计算中采用加尺度参数解算,在变形点坐标解算中采用多重差分技术,最大限度地消除或减弱了多种误差因素。如广州地铁黄沙站自动监测系统监测一年后,精度结果分析:$m_x=\pm0.13$ mm,$m_y=\pm0.50$ mm,$m_z=\pm0.38$ mm,点位精度 $m=\pm0.64$ mm,均达到了设计要求。

3. 主要仪器成本预算

按照规范对铁路、高铁、地铁等监测的要求,测量控制网的平均边长不大于 150 m,每 1 台 TCA 系列全站仪负责长度为 150 m,而目前市场 1 台 TCA 全站仪价格在 350 000 元左右,再加上棱镜安装费用,本项目采用三维监测系统仪器(2 台仪器)费用在 80 万元左右。

6.3.4 监测方法比选

通过以上对三种监测系统的工作原理、系统精度的分析(见表 6.3),以及各种监测系统的适应范围和优缺点以及费用投入的比较分析得出:全自动化实时三维监测系统为本次监测项目适宜的方案。

表 6.3　不同监测方法比较

监测方法	适应范围	优　点	缺　点	设备费用投入
静力式水准仪	适应高铁、地铁、铁路、公路隧道等狭长型隧道结构沿线小区域施工对隧道结构和轨道造成的影响监测	仪器安装相对简单，系统可无人值守	因列车通过引起的振动影响精度	费用相对居中
电子水平尺系统	适应小区域非铁路、地铁施工对地铁结构和轨道造成的影响监测	单个设备稳定，系统可无人值守	监测线路较长时整个系统容易出错，精度低	费用相对最多
全自动化三维监测系统	适应高铁、地铁、铁路、公路隧道沿线大、小区域非地铁施工对地铁造成的影响监测	仪器设备稳定、可靠	设备安装要求高	费用相对最少

6.4　监测控制值与警戒值

监测项目及其控制值见表 6.4－1，线路轨道动态质量容许偏差管理值见表 6.4－2。

表 6.4－1　监测项目及其控制值

序号	监测项目	监测精度	监测控制值	警戒值
1	轨面沉降	0.1 mm	－10 mm	取控制值的 50%
2	路基沉降	0.1 mm	－10 mm	
3	路基隆起	0.1 mm	＋10 mm	
4	站台沉降	1.0 mm	－33 mm	
5	接触网基础沉降	1.0 mm	－33 mm	
6	接触网支柱	两个相邻悬挂点（即相邻支柱）最大高差不超过 10 mm；支柱横线路面垂直于线路中心，偏差不大于 2°；支柱顺线路方向应直立，斜率不大于±2‰		

表 6.4-2　线路轨道动态质量容许偏差管理值

项　　目	160 km/h≥v_{max}>120 km/h 正线			
	Ⅰ级	Ⅱ级	Ⅲ级	Ⅳ级
轨距(mm)	+6 −4	+10 −7	+15 −8	+20 −10
水平(mm)	6	10	14	18
高低(mm)	6	10	15	20
轨向(mm)	5	8	12	16
扭曲(三角坑)(mm)(基线 2.4 m)	5	8	12	14

6.5　监测实施

1. 监测总体情况

笋洪区间下穿广深铁路深圳北站期间,采用了人工测量及自动化测量两种方式。

(1)人工测量部分:在中铁电气化局施工的区域(25～J1 股道)采用人工全天候测量,对停车区域的 5 股道～21 股道采用人工测量及自动化测量(由于停边区域停车时间较长,自动化测量受阻,基本靠晚上人工测量)。监测频率为 1 天 1 次。

(2)自动化测量部分:对于正线Ⅰ～Ⅳ线、6 股道、10 股道、12 股道、14 股道、16 股道采用全天候自动化测量,监测频率为 2 小时 1 次。

2. 测点布设

监测测点布置情况见表 6.5-1。

3. 监测报警

在下穿广深铁路期间共计报警两次(橙色),分别是在 2014 年 10 月 27 日与 11 月 4 日,具体报警情况见表 6.5-2 和表 6.5-3。

表 6.5－1　监测测点布置一览表

序号	监测项目	设计测点数量(个)	实际测点数量(个)	备　　注
1	铁路路基沉降	130	人工:268 自动化:45	
2	信号机	19	7	部分信号机拆除
3	接触网	24	8	部分接触网拆除

表 6.5－2　2014 年 10 月 27 日报警情况表

<table>
<tr><th colspan="2">预警等级</th><th>测点编号</th><th>当日变化速率(mm/d)</th><th>累计变化值(mm)</th><th>备注</th><th>监测报警状态描述</th><th>说明</th><th>截至目前变化值(mm)</th></tr>
<tr><td>橙色</td><td>铁路路基沉降</td><td>G35-3</td><td>－2.02</td><td>－10.71</td><td>超累计 K 控制值</td><td>满足“双控”指标之一，超过监控量测控制值</td><td>累计控制值：10 mm</td><td>－18.25</td></tr>
</table>

注：“＋”表示上抬；“－”表示下沉。

表 6.5－3　2014 年 11 月 4 日报警情况表

<table>
<tr><th colspan="2">预警等级</th><th>测点编号</th><th>当日变化速率(mm/d)</th><th>累计变化值(mm)</th><th>备注</th><th>监测报警状态描述</th><th>说明</th><th>截至目前变化值(mm)</th></tr>
<tr><td rowspan="8">橙色</td><td rowspan="3">铁路路基沉降</td><td>G29-1</td><td>－0.46</td><td>－12.67</td><td rowspan="8">超累计 K 控制值</td><td rowspan="8">满足“双控”指标之一，超过监控量测控制值</td><td rowspan="8">累计控制值：10 mm</td><td></td></tr>
<tr><td>G29-2</td><td>－1.59</td><td>－12.06</td><td>－12.06</td></tr>
<tr><td>G27-3</td><td>－4.91</td><td>－13.87</td><td>－14.54</td></tr>
<tr><td rowspan="5">铁路钢轨测点</td><td>G27-8</td><td>－3.45</td><td>－12.35</td><td>－21.61</td></tr>
<tr><td>G27-9</td><td>－3.53</td><td>－12.28</td><td>－19.47</td></tr>
<tr><td>G27-10</td><td>－3.29</td><td>－12.63</td><td>－14.09</td></tr>
<tr><td>G27-11</td><td>－3.73</td><td>－13.3</td><td>－13.67</td></tr>
<tr><td>G25-8</td><td>－8.69</td><td>－10.13</td><td>－20.39</td></tr>
</table>

注：“＋”表示上抬；“－”表示下沉。

6.6　监测结果

监测结果见表 6.6－1、表 6.6－2 和表 6.6－3。

表 6.6－1　25 股道钢轨监测最大值统计表

序号	监测项目	累计变化最大值		控制标准	位置
		测点号	变化量		
1	铁路路基沉降	G25-9	－26.39 mm	－10 mm	
2	信号机	X2-1	－11.01 mm	－33 mm	
3	接触网	J4-3	－14.33 mm	－33 mm	

表 6.6－2　广深 2 线正线位置最大值统计表

序号	监测项目	累计变化最大值		控制标准	位置
		测点号	变化量		
1	铁路路基沉降	G22-2	－5.9 mm	－10 mm	
2	信号机	X2-1	－2.0 mm	－33 mm	
3	接触网	J7-2	－2.9 mm	－33 mm	

6.7　监测分析

通过监测数据显示，在下穿期间 J1～27 股道沉降变化较大，以下针对该区域股道做重点分析。

6.7.1　股道 J1 沉降

355 环(10 月 10 日)掘进时刀盘到达 J1 道，358 环(10 月 11 日)后开始出现沉降，364 环同步注浆量增加到 8 m^3，365 环开始到 387 环上部土压逐步加大至 2.3 bar，掘进参数及沉降见表 6.7－1 和图 6.7－1、图 6.7－2。

表 6.6-3 笋洪区间左线盾构下穿火车站施工期间停机及地表沉降情况统计表

区间	盾尾拼装环号	盾构机刀盘里程	停机时间	停机时长	停机原因	地表累计沉降值（mm）
笋洪区间左线	363	DK27+227.20	2014.10.15	10 d	带压开仓前的准备工作	−4.56
		DK27+227.20	2014.10.16		仍做盾构带压开仓前准备工作，计划晚上开仓	−5.06
		DK27+226.83	2014.10.17		盾构带压开仓专家评审会通过，作业工人需体检，计划明天开仓	−5.63
		DK27+226.83	2014.10.18		带压开仓	−5.08
		DK27+226.83	2014.10.19		带压换刀	−5.46
		DK27+226.83	2014.10.20		带压换刀	−5.59
		DK27+226.83	2014.10.21		带压换刀	−6.03
		DK27+226.83	2014.10.22		带压换刀	−6.43
		DK27+226.83	2014.10.23		带压换刀	−5.83
		DK27+226.83	2014.10.24		带压换刀	−6.14
	401	DK27+169.06	2014.11.2	1 d	皮带断裂，接皮带	−18.83
	407	DK27+160.96	2014.11.4	12 h	广铁集团检查，要求停机	−18.34
	448	DK27+99.4	2014.11.12	1 d	开仓换刀	−16.82

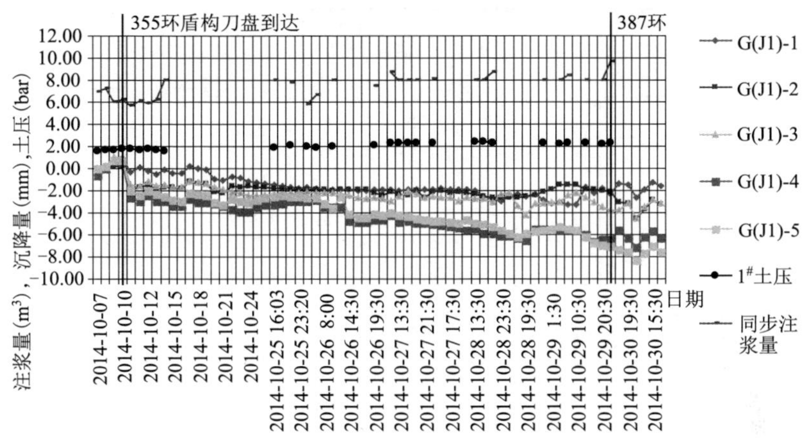

图 6.7－1　J1 道断面各监测点沉降过程曲线图

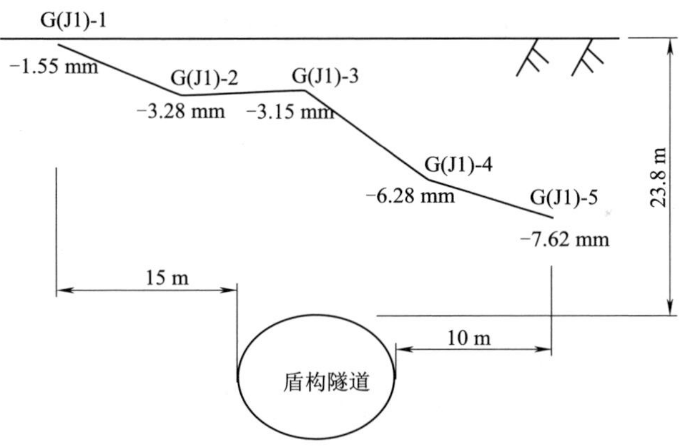

图 6.7－2　J1 道断面沉降横断面示意图

6.7.2　股道 35 沉降

58 环(10 月 11 日)掘进时 35 道即出现沉降,此时该断面位于刀盘前方 12 m。

表 6.7-1　掘进参数及沉降统计表(一)

日　期		2014-10-7	2014-10-8	2014-10-9	2014-10-10	2014-10-11	2014-10-11	2014-10-12	2014-10-13	2014-10-14	2014-10-25 16:03	2014-10-30 17:30
环　号		349	350～351	352～354	355～357	358	359～360	361	362～363	364	365	387
1# 土压(bar)		1.60	1.70	1.70	1.80	1.77	1.64	1.77	1.69	1.55	1.90	2.30
出渣量(m^3)		59.50	59.50	64.00	61.74	66.15	59.50	66.00	59.50	59.50	59.50	59.50
同步注浆量(m^3)		6.90	7.27	6.00	6.20	5.70	6.15	5.90	6.20	8.00	8.00	9.73
沉降量(mm)	G(J1)-1	0.00	0.21	0.79	0.98	−0.28	0.11	−0.24	−0.56	−0.10	−1.50	−1.55
	G(J1)-2	0.00	0.11	0.22	0.26	−1.88	−1.68	−1.47	−1.93	−1.66	−1.81	−3.28
	G(J1)-3	0.00	0.20	1.01	1.00	−1.47	−1.61	−1.16	−1.53	−1.44	−2.34	−3.15
	G(J1)-4	0.00	0.03	0.76	0.57	−2.65	−2.92	−2.47	−2.93	−2.99	−3.22	−6.28
	G(J1)-5	0.00	0.22	0.75	0.74	−2.04	−2.38	−2.03	−2.34	−2.50	−2.57	−7.62

为顺利下穿火车站站场,364 环掘进后(10 月 15 日,刀盘距 35 道 3 m)开始停机检修并带压进仓清理泥饼和更换刀具,10 月 25 日 16:03 恢复掘进。366 环(10 月 25 日)掘进时刀盘到达 35 道,掘进参数及沉降见表 6.7－2 和图 6.7－3、图 6.7－4。

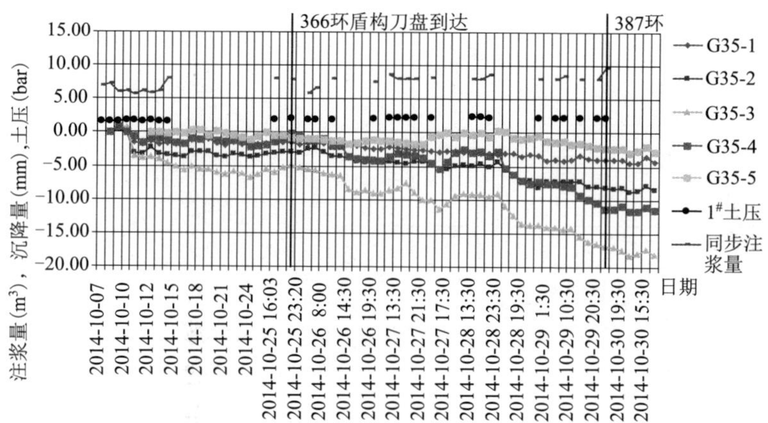

图 6.7－3　35 道断面各监测点沉降过程曲线图

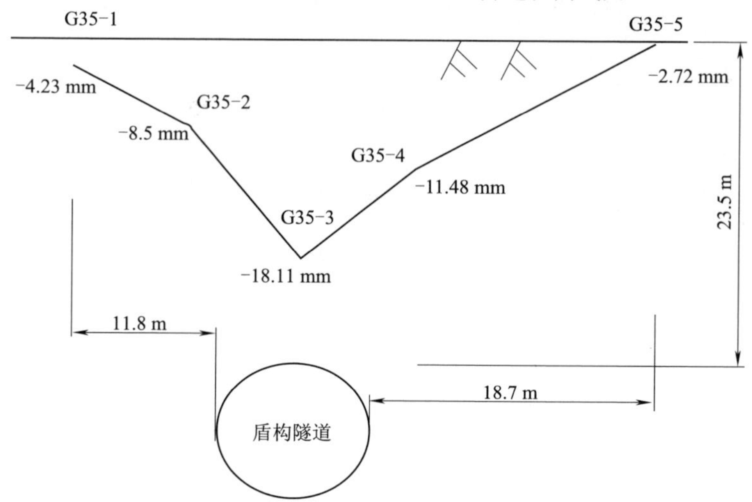

图 6.7－4　35 道断面沉降横断面示意图

表 6.7－2　掘进参数及沉降统计表(二)

日　　期		2014-10-10	2014-10-11	2014-10-11	2014-10-12	2014-10-13	2014-10-14	2014-10-25	2014-10-25	2014-10-29	2014-10-30
环　　号		355～357	358	359～360	361	362～363	364	365	366	387	
1# 土压(bar)		1.80	1.77	1.64	1.77	1.69	1.55	1.90	2.10	2.30	
出渣量(m^3)		61.74	66.15	59.50	66.00	59.50	59.50	59.50	53.00	59.50	
同步注浆量(m^3)		6.20	5.70	6.15	5.90	6.20	8.00	8.00	7.80	9.73	
沉降量(mm)	G35-1	0.59	−1.53	−1.78	−1.29	−1.73	−1.62	−1.5	−1.43	−3.99	−4.23
	G35-2	−0.03	−3.03	−3.17	−2.28	−3.20	−3.35	−3.07	−2.96	−8.25	−8.5
	G35-3	0.65	−3.44	−3.76	−3.67	−3.98	−4.56	−5.96	−4.9	−16.92	−18.11
	G35-4	0.06	−0.53	−1.51	−0.86	−0.86	−0.98	−1.33	−0.02	−11.31	−11.48
	G35-5				0.00	0.06	−0.05	−0.36	−0.69	−2.2	−2.72

6.7.3　股道 33、31 沉降

33、31 道沉降时段和沉降横断面与 35 道基本一致，其中最大沉降点为 G33-2、G33-3，沉降量分别为－12.02 mm、－12.12 mm。

6.7.4　股道 29、27 沉降

380 环(10 月 28 日)掘进时刀盘到达 29 道，384 环(10 月 29 日)掘进时刀盘到达 27 道，沉降曲线较为稳定，盾构到达前地表个别点以外均呈上抬趋势，通过后出现沉降，但沉降值较小。掘进参数及沉降见表 6.7－3 和图 6.7－5。

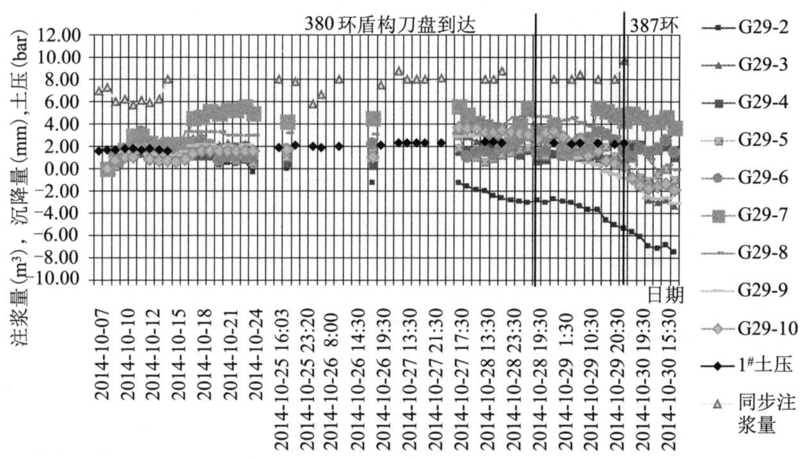

图 6.7－5　29 道断面各监测点沉降过程曲线图

6.7.5　沉降分析

从以上不同环号盾构掘进参数的不同设置和地表沉降数据的综合分析可知，隧洞开挖必然引起地表沉降，从盾构掘进实际情况看，对地表沉降变形的控制主要分为以下三个阶段：

表 6.7－3　掘进参数及沉降统计表(三)

日　期		2014-10-28 13:30	2014-10-28 19:30	2014-10-28 21:30	2014-10-28 23:30	2014-10-29 3:30	2014-10-29 7:30	2014-10-29 15:30	2014-10-29 20:30	2014-10-29 23:30	2014-10-30 17:30
环　号		378～379	380	381	382	383	384	385	386	387	
1# 土压(bar)		2.40	2.40	2.30	2.30	2.20	2.30	2.30	2.20	2.30	
出渣量(m^3)		59.50	59.50	59.50	59.50	59.50	59.50	59.50	59.50	59.50	
同步注浆量(m^3)		8.00	8.00	8.70	8.00	8.00	8.40	8.00	8.00	9.73	
沉降量(mm)	G29-2	−2.05	−2.43	−2.67	−2.78	−3.05	−3.42	−3.64	−5.09	−5.37	−7.45
	G29-3	2.57	2.42	2.32	2.91	1.19	0.99	0.85	0.67	0.66	−3.36
	G29-4	1.95	1.85	1.67	1.34	1.25	1.09	1.31	0.58	0.31	1.04
	G29-5	0.68	0.95	1.26	2.84	2.12	2.02	2.28	1.11	1.19	−0.99
	G29-6	1.55	1.31	1.95	2.94	2.25	2.66	3.29	2.52	1.69	1.51
	G29-7	3.79	3.26	2.15	3.78	1.48	1.56	5.47	4.81	4.33	3.71
	G29-8	4.21	3.95	3.87	4.46	4.5	4.13	3.53	2.85	2.4	−0.15
	G29-9	2.93	2.94	2.95	2.92	1.86	0.92	0.36	−0.53	−0.81	−3.19
	G29-10	3.31	3.25	3.49	3.33	2.1	2.62	1.53	0.49	0.21	−1.93
	G27-1	3.48	3.44	3.39	3.9	3.12	3.01	2.8	1.93	1.82	0.51
	G27-2	1.59	1.34	1.23	2.37	1.88	1.19	1.4	0.29	0.11	6.35
	G27-3	0.81	0.91	1.03	1.29	0.52	0.43	0.7	1.23	1.27	0.11
	G27-4	5.42	4.92	4.57	3.42	3.1	3.45	4.07	3.32	3.32	−1.54
	G27-5	1.03	0.98	0.75	0.44	0.75	0.69	1.2	0.25	0.58	−0.11

1. 先期变形

盾构刀盘挤压可形成对开挖临空土体的支撑作用，采用土仓加压的方式可以获得明显的效果，表现为刀盘到达前的地表隆起，以上监测断面均存在此现象，一般约占总变形量的 38%～52%。

由以上土仓压力与地表测点（未切削部分）隆起情况得出判断，目前可在＋10～＋5 mm 之间选择。

2. 开挖变形

刀盘后到盾尾止浆板区段，由于刀盘开挖直径（6 280 mm）大于盾体直径（6 250～6 230 mm），开挖后得不到同步注浆浆液的有效填充，支护抗力由土体自身稳定性承担，自稳性差的地方出现局部失压现象而引起变形。

从以上数据分析，29～27 道间距 7.5 m（5 环），盾构机 12 h 内通过，随后的 16 h 内又完成 4.5 m（3 环）的掘进，该段时间内施工进度远高于 J1～31 道间的进度；另外，出渣量平稳，每环 59.5 m^3，松散系数仅为 1.28 左右，未形成超挖。故开挖变形的有效解决主要取决于出渣量和掘进速度的控制，在有效保证出渣量的前提下，掘进速度越快，同步注浆补充就越及时，依靠浆液提供抗力的作用就越显著。一般对注浆量和注浆压力的关注较多，就实际而言，注入流量与压力以及对地层损失的补充是一个较为复杂的问题，需要考虑浆液的初凝时间和凝结后的体积与强度的时程变化规律。

3. 工后沉降

一般而言，由同步注浆结石及浆体强度两个因素作用，重点是对渗水的控制，沉降是不可避免的，需要采取的积极措施就是采用双液浆快速对盾构隧道管片周边的空隙进行填充，必要时进行地面加固。29 道、27 道通过后效果显著。

6.8　监测小结

（1）全自动化三维监测系统能满足铁路运营期间实时监测的要求。

(2)下穿广深铁路深圳北站期间，为了提高测试精度，分别在铁路两侧设立强制观测墩，保证各测点测距小于 150 m(测试结果表明，在保证 150 m 测试范围内的精度完全满足要求)。

(3)为了使全站仪准确锁定变形观测点，在测点埋设时应注意"L"型棱镜与观测墩之间保持一定的仰角，方便全站仪自动锁定"L"型棱镜中心。

(4)采用自动化测试为主，人工校核为辅，能及时有效地发现自动化测点被其他外界碰动而引起的变化量(要求人工测点与自动化测点为同一断面)。

(5)在复合式土压平衡盾构掘进过程中，采用满仓掘进模式、严格控制出渣量减少地层损失(出土速率与盾构掘进速度匹配)、快速通过和有效填充是复合地层(尤其是埋深 25 m 以内、上覆岩土流变特征显著条件下)控制变形的最有效手段。

(6)在下穿广深铁路期间，J1～27 股道变化较大，目前各测点数据均表现为收敛，说明在笋洪区间左线穿越完成后铁路路基进入新的稳定状态。

第 7 章　下穿施工中高铁运营安全技术措施

7.1　叠线隧道下穿准高速铁路轨道群加固措施

1. 地面预埋袖阀管注浆加固措施

在站场下右线隧道上方局部存在厚达 6.7 m 的砾砂层，砾砂层空隙大，含水量高，为防止盾构通过时出现土体不均匀沉降、铁路路基底部水土流失或形成空洞而造成铁路线路沉降，于盾构到达前在铁路路基上埋设袖阀管，间距 1 m，梅花形布置，对铁路路基进行预注浆加固，同时根据监测情况对路基进行跟踪注浆。注浆时采用跳孔注浆，水泥—水玻璃双液浆，水泥浆：水玻璃＝1：1～1：0.3，水玻璃浓度 Be′＝40，模数 m＝2.6，凝固时间 5～10 min，采用 42.5R 普通硅酸盐水泥，水灰比 0.75～1，注浆压力为：砂层 0.5～0.8 MPa，黏土层 0.6～1.0 MPa。

2. 轨道人工挖孔桩 D 型便梁扣轨加固措施

为确保既有铁路的运营绝对安全，盾构隧道施工进入铁路区段前应先对既有铁路线进行架空保护，站内共有 26 股道需要加固防护，同时针对不同股道的重要性采取不同的加固防护措施。

(1)对于正线及影响范围内的站线，采用人工挖孔桩与 D 型便梁对线路进行架空保护，正线Ⅰ、Ⅱ、Ⅲ、Ⅳ四条线与正线两侧 5、6、7、9、11 五条线共 9 股道的扣轨加固主跨采用 D24 型施工便梁，附跨采用 D16 型施工便梁。

(2)13 道、15 道、17 道、27 道、29 道、31 道、33 道、35 道采用钢轨束扣轨，18 道、16 道、14 道、12 道、8 道、19 道、21 道、23 道、25 道、J2 道在道岔位置采用纵横梁加固方法，非道岔段钢轨束扣轨。

3. 电气化立柱基础旋喷桩加固措施

根据相关规定，电气化立柱基础沉降量不得超过 2 cm。为此，需对电气化立柱进行加固。共有 10 根电气化立柱位于影响范围内。

在电气化立柱基础两侧各设置 4 根桩长 10 m 的 ϕ300 微型桩作为基础，通过连梁与电气化立柱基础连接后加固。

4. 上下夹层土体小导管注浆加固措施

注浆小导管取与预留注浆孔（即拼装螺丝孔）直径一致的 ϕ42 mm，t＝3.5 mm，L＝3 m 的无缝钢管加工制作；采用手风钻（YT-28 型）钻孔，钻孔开孔孔径不小于 42 mm；叠线隧道采用加强配筋型管片，在连接块和标准块上各增加了 2 个注浆孔。

采用普通硅酸盐水泥浆液，浆液水灰比初步选用 1∶1、0.8∶1、0.5∶1 三个比级（重量比级）。注浆压力为 0.3～0.5 MPa，如冒浆串浆严重，则根据实际情况及时调整注浆压力（最大压力不超过 1.0 MPa）。

注浆采取跳孔注浆的方式，封顶块不允许设置注浆孔。注浆时，采取先下后上、先两边后中间、左右均匀对称注浆。注浆段在设计压力下，注入率不大于 1 L/min 后，继续灌注 30 min，可结束注浆。

注浆结束后必须及时封孔，采用 0.5∶1 纯水泥浆，自孔底向孔口逐渐用浓浆置换。孔内水泥浆液凝固后，对钻孔空余部位使用干硬性水泥砂浆封填密实、孔口压抹齐平。

5. 下隧道内设支撑台车加固管片结构措施

重叠隧道段当上层隧道掘进时，在盾构机下方的下层隧道内设置活动台车支撑盾构管片，以确保下层隧道的安全，支撑范围为盾构机盾体及其前后 10 m 范围。

7.2 叠线隧道下穿准高速铁路轨道群自动化监测措施

为保证广深铁路的运营及施工安全，施工期间需对铁路范围内主要设施进行全方位、自动化实时监测，根据监测数据及时调整各项施工参数，实行信息化施工。

需要在地铁盾构外边线 $2H$ 范围内建立严密的监控点，监测项目如下：

(1)轨面及路基沉降测量。26 条轨道，每条轨道布置 10 个监测点，共布置 260 个监测点。

(2)电气化立柱基础沉降测量。每个电气化立柱布置 1 个沉降观测点和 1 个位移观测点。

(3)轨道几何尺寸(水平、高低、轨距)。5 条枕木测量一个点，每条线路布置 50 个测点。

测点的监测频率根据监测数据变化情况、关键施工阶段的施工情况、监测断面距掘进面的距离等情况综合考虑。当监测数值出现较大变化等异常情况时，及时增大监测频率。

根据监测反映的数值，发现道床或轨道沉降过大，应及时对轨道和道床进行沉落整修，以免危害到铁路的运营。

7.3　叠线隧道下穿准高速铁路轨道群盾构掘进控制技术措施

盾构下穿过程中，应全面跟踪监测数据和地面巡视情况，及时将地面信息反馈至盾构掘进作业层，确保隧道施工和铁路运行安全。

1. 接近火车站站场前做好模拟掘进

在盾构机接近笋岗火车站站场前，在地质相类似的地段做好模拟掘进，调整盾构姿态及掘进参数，精确控制掘进方向，减少纠偏量。

2. 保持连续掘进，控制平衡土压力

盾构到达前对设备进行全面检修，保证盾构机处于良好运转状态，避免因机械故障造成停机或长时检修，减少附加沉降。采用土压平衡施工方法，土仓压力与地面沉降观测结果相对照，严格控制出渣量，建立合理的土仓压力并保持土压平衡。

3. 做好同步注浆和二次注浆工作

沉降控制以洞内控制为主，加强同步注浆和二次注浆管理工作。根据隧道穿越的地层情况、环境情况，选用和易性好、泌水性小、具有一定强度的浆液，必要时考虑采用克泥效工法，及时填充隧道和地层间的建筑空隙，并适当加大浆液注入量，实现对建筑物和周围环境的保护。

二次注浆在同步注浆量不足时进行，为减少地面变形，控制地基不均匀沉降量，二次注浆时要控制好注浆量和注浆压力，减少对地层的扰动，并防止因注浆压力过大而造成地基隆起。

同步注浆、二次注浆同步、足量，采用注浆量、注浆压力双控。

4. 优化掘进参数，保持开挖面稳定

通过对盾构掘进时地面变形曲线进行实测反馈，不断调整、优化掘进参数，以验证所选择施工参数的合理性。在通过铁路站场和桥桩时，保持合理的掘进速度，减小顶推力，尽可能减小超挖量，并尽量缩短管片背侧注浆的空置时间，以保持盾构开挖面的稳定。

5. 确保管片质量和拼装精度

管片制作精度和抗渗性满足设计和规范要求，严格按设计要求施工管片接头防水，确保管片拼装质量和接头防水效果，减少地下水渗入，同时充分紧固连接螺栓，避免管片衬砌变形而引起土体变形。

7.4 叠线隧道下穿准高速铁路轨道群施工措施

1. 上下隧道盾构掘进先后顺序选择

选择“先下后上”的叠线隧道盾构掘进先后顺序，下隧道超前上隧道 100 m 以上。

2. 盾构掘进参数控制

盾构推进过程中，根据此段地质、覆土厚度、地面建筑情况并结合地表隆陷监测结果调整土仓压力，推进速度保持相对平稳，控制好每次的纠偏量，尽量减少对土体的扰动，为管片拼装创造良好的条件。同步注浆量要根据推进速度、出渣量和地表监测数据及时调整，将施工轴线与设计轴线的偏差及地层变形控制在允许的范围内。

3. 夹持土注浆加固

对重叠隧道夹持土体实行洞内注浆，注浆范围以两隧道夹土体为主。注浆方式为：在盾构管片上预留额外的注浆孔，从注浆孔中插管注浆，浆液采用水泥浆。注浆过程中注意压力控制，避免注浆压力过大造成隧道变形或管片损坏，注浆完成后应预留后续注浆条件，根据监测结果决定是否跟踪注浆。

4. 下层隧道设移动支架

重叠隧道段当上层隧道掘进时，在盾构机下方的下层隧道内设置活动支架支撑盾构管片，以确保下层隧道的安全。支撑范围为盾构机盾体及其前后 10 m 范围。

5. 叠线段采用加强型管片

小净距重叠隧道段管片配筋需加强，加强管片衬砌环设置里程为 DK26＋725.905～DK27＋230（长 504.095 m，共计 336 环，管片拼装环号 367～702）、DK27＋620～DK27＋779.996（长 159.996 m，共计 107 环，管片拼装环号 1～107）。

6. 硬岩掘进措施

（1）施工前进行详细的补充勘探，进一步查清硬岩的分布及特性。

（2）根据岩石的强度，选择匹配的硬岩刀具和耐磨刀具。全断面硬岩地层掘进时选择刃宽 19 mm 滚刀，上软下硬地层掘进时选择刃宽 24 mm 滚刀。降低换刀风险，同时提高掘进效率。

（3）做到勤检查、勤更换刀具，特别是边缘滚刀要及时更换，以保证盾构的开挖洞径。

（4）现场准备足量的刀具，以便需要时能及时更换。

（5）开启刀盘加泡沫装置，改良正面土体，降低刀具和土体的摩擦力，减小扭矩，降低刀盘和土体温度，减小刀具的偏磨。

（6）在掘进过程中，根据滚动角的大小，及时通过调整刀盘转向

(左转或右转)来防止盾体产生扭转。

7. 上软下硬地层掘进措施

由于硬岩段标高起伏不定,在进入硬岩和脱离硬岩的时候会经历一段上软下硬的不均匀地层。在这种地层中掘进,可能发生盾构机偏移或被卡住、蛇行推进,注浆不及时易产生地面沉降甚至塌陷、隧道管片破损以及盾构机损坏等许多难以预料的问题。

针对本区间上软下硬地层地质条件,盾构掘进中采取下列措施:

(1)做好补充地质勘探,在地层起伏交界处进行钻孔,查清上软下硬地层的位置和长度。

(2)掘进过程中不断观察出土情况,并结合推力、扭矩、速度、土压,以及渣土中石块的比例和大小,判断硬岩的比例,及时调整掘进参数。

(3)在岩层和土层同时存在的地段,应以硬岩的强度来进行刀具配置;掘进时采用土压平衡掘进模式,根据隧道顶部地质情况选择合适土压力,适当降低土压有利于提高刀具的寿命。

(4)盾构机在上软下硬地层中掘进时,盾构姿态容易向上抬,为了保持正确的掘进线路,应该合理控制上下千斤顶的推进油压;此时边缘滚刀承受最大的破岩压力,应选用重型破岩刀具。

(5)在上软下硬地段应该采用低转速,以减少滚刀与岩土分界面的冲击。

(6)加大发泡剂比例,以改善土体的流动性和土仓的温度,降低土仓温度有利于减少刀具磨损和偏磨。

(7)因下部是硬岩,掘进速度受硬岩制约而变慢,容易多出土,应该以盾构机进尺来控制出土量,防止超挖,同时保证盾尾回填注浆。

7.5 确保铁路运营安全组织措施

1. 应急机构及其职责

为了保证各类突发事故应急预案有效顺利实施,避免事故施救过程中的无序性，项目部成立"应急救援领导小组"，项目部领导班子、各职能部门和全体员工都负有重大事故应急救援的责任，各部门必须根据应急预案所列救援职责，做到职权统一，无条件服从应急救援指挥领导小组的安排，提供所需的人员、设备，积极参加事故救援抢险，最大限度地减少事故中的人员伤亡和财产损失。应急救援组织机构如图 7.5 所示。

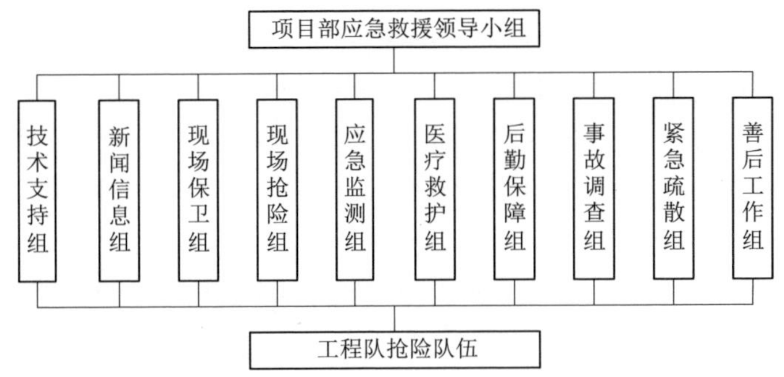

图 7.5　应急救援组织机构图

(1)应急指挥中心

组长职责：全面领导项目部应急救援工作；任应急救援现场总指挥，发布和解除应急救援命令，负责项目部应急预案的启动实施、向上级单位请示启动上级部门应急预案等，负责方案的决策、现场总指挥及人力、物力、财力资源的调配。

副组长职责：接受组长的领导，负责应急救援方案的制定工作及现场的指挥工作，具体负责各分工区生产安全的现场管理，恢复和保证生产正常进行。

成员职责：服从组长和副组长的具体安排，指挥所管小组开展救援工作。

(2)指挥领导小组职责

负责项目部应急救援预案的审核、修订工作；组建应急救援专业队伍，并组织实施和演练；检查督促做好重大事故的预防措施和应急救援的各项准备工作；发生事故时，发布和解除应急救援命令、信号；组织应急救援各小组实施救援行动；向上级汇报和向友邻单位通报事故情况，与指挥部应急救援指挥中心联系，必要时向有关单位发出救援请求；组织事故调查，总结应急救援工作经验教训。

(3)技术支持组职责

对事故事态的发展做出相应的技术评审；及时拟定应急救援技术方案(防止事故扩大)和预防性技术措施；为指挥领导小组研究部署应急救援工作提供决策咨询、工作建议和参与应急指挥。

(4)应急监测组职责

根据事故情况和现场应急指挥部要求，制定现场监测方案；负责事故现场布点监测，分析现场及毗邻区域的建(构)筑物、管线、支撑(加固)结构和地面的稳定性，及时向应急救援领导小组汇报监测结果；对事故现场的发展势态及影响进行动态监测，建立对事故现场及场外的监测与评估程序，及时汇报监测结果；参与事故现场调查取证和事故性质、等级的认定。

(5)现场抢险组职责

负责事故应急抢险抢救，日常办事机构设在总调度室；负责事故现场被困、受伤人员、贵重物资的抢救工作；根据指挥小组的指令，及时转移事故现场的施工设备及其他财产；负责协助在事故现场得到控制，预案终止后，尽快抢修设备及整理现场，尽快恢复事故现场正常的生产及其他活动；做好现场抢险救援中动用的人员、设备的调动。

(6)现场保卫组职责

清理现场闲杂人员，保护危险区域的人员安全，维护现场秩序的安全稳定；负责事发现场的警戒保卫；迅速组织人员开展现场安全保卫工作；协助对现场的调查、现场录像、照相、取证等工作；登记伤亡人员姓名及有关情况，收集保管伤亡人员物品。

(7)医疗救护组职责

负责脱离事故影响区伤员的抢救和护送及现场伤员的紧急救治

工作；对伤势过重者，及时送往医院并随同护理；负责事故受难人员的日常生活料理、安抚；做好伤员受伤部位、伤势，救治时间、救治方式及转院等相关数据的书面记录。

(8)新闻信息组职责

负责各组应急救援体系的信息联络，保证信息的准确及时传达到应急救援机构各级人员，日常办事机构设在综合管理部；接到事故报告后判断是否符合启动预案条件，并立即向组长、副组长报告；负责将指挥领导小组发出的事故应急救援指令传达到各应急救援小组；负责反馈事故现场情况及外部救援信息到指挥领导小组，保持各应急救援小组之间的沟通、联络；根据指挥领导小组指令，向上级主管部门发出救援请求和向友邻单位通报事故情况，与上级单位及社会有关各界保持联系，及时汇报现场抢险救援进展情况，配合做好信息发布工作，并做好现场媒体活动管理工作；负责事故救援人员及相关人员的交通运输；做好事故救援指挥领导小组指令发出时间，通知到各小组人员姓名、时间及其他相关数据的书面记录。

(9)紧急疏散组职责

做好现场的交通疏导和人员疏散、撤离，确保将人员全部疏散至安全的地方，维持现场治安秩序。

(10)后勤保障组职责

负责救援物资(器具)的筹备，日常办事机构设在物资设备部；担负撤离人员、伤员生活必需品和抢救物资的供应任务；提供事故救援所需的物资；提供和检查抢险人员的装备和安全防护；负责应急救援物资的日常保养维护，特别是通信工具保证状态良好。

(11)事故调查组职责

负责事故调查取证、保险索赔，受损财物的统计确认及其他数据的书面记录，日常办事机构设在安全环保部；负责事故的现场取证工作；对现场人员进行调查询问，并组织召开事故分析会，形成调查报告；负责现场损失情况的统计，保险赔付资料的收集。

(12)善后工作组职责

负责处理受伤人员及其家属的善后事宜，做好社会稳定工作。

2. 预防事故措施

(1)预防事故体系

根据“安全第一、预防为主”的方针，为了认真贯彻安全促生产、安全促效益的精神，切实加强安全生产管理，进一步落实生产的安全预测，防止、杜绝各类事故的发生。为确保人身与施工安全，针对本工程施工的特点，特制定了安全管理办法及安全操作规程，建立了各种安全事故应急抢险系统，并建立了群众监督保证体系，以及以工区安全总监、安全管理部、大队项目经理、大队总工程师为首的专业安全检查监督保证等体系。

(2)预测与预警系统

针对生产中可能发生的环境、安全事故和突发紧急事件，结合项目部的实际情况，进行风险分析和安全评价工作，完善预测预警监测系统和信息传递通道，做到早发现、早报告、早处置。建立施工中安全事故(塌方、触电、坠落、机械伤害、物体打击、爆破伤害、交通事故等)预测与预警系统。

(3)应急响应方案

项目部在制定和识别应急响应方案时，主要考虑因素有：

①各单位环境因素和危险源辨识控制的结果；

②安全事故和突发紧急事件的类型，以及编制好的与事故有关的应急预案；

③有关的法律、法规或其他要求；

④事故现场的实际情况和应急响应准备情况；

⑤本单位以往事故、事件处理的经验及做法或类似企业以往事故、事件处理经验及做法。

3. 应急保障

公司、项目部要做好应对安全事故和突发紧急事件的人力、财力、物资、通信、医疗卫生、交通运输等应急保障工作。

(1)人力保障

项目部全面负责应急救援的人力保障,对本工程安全事故和突发紧急事件应急工作基本人员力量进行摸底检查,监督落实应急救援人员的配备并确保应急人员数量充足。

(2)资金保障

公司和项目部财务部门全面负责保障应急救援所需的资金,根据本单位安全事故和突发紧急事件的实际情况,对应急所需资金储备进行统一规划。监督落实应急救援所需的资金储备。

(3)物资、设备、交通运输保障

应急所需的物资、设备、交通运输保障由公司和项目部财务、物设管理等部门共同负责,相关部门组织落实。根据本单位施工生产的性质、特点以及应急救援工作的实际需要,有针对、有选择地配备应急救援物资、设备,并对应急救援物资、设备进行经常性维护、保养。启动应急救援预案后,项目部的机械设备、运输车辆统一纳入应急救援工作之中。

(4)医疗卫生保障

公司及项目部可根据实际情况与当地医疗卫生部门签订协议,建立应急救援医疗卫生保障体系,配备常用的应急救援药品及救援器材等。

(5)应急人员安全

应急响应人员自身的安全是安全事故和突发紧急事件应急预案应予考虑的一个重要因素,在应急功能中应明确保护应急人员安全所做的准备和规定如下:

①应急队伍或应急人员进入和离开现场的程序,包括向现场总指挥报告、有关培训确认等。

②根据事故的性质,确定个体防护等级,合理配备个人防护装备,并在收集到事故现场更多的信息后,应重新评估所需的个人防护装备,以确保选配和使用的是正确的个人防护装备。

③应急人员的消毒设施及程序。

④对应急人员有关保证自身安全的培训安排，包括各种情况下的自救和互救措施，正确使用个人防护装备等。

7.6 小　　结

下穿施工中，铁路运营安全技术措施如下：

(1)叠线隧道下穿准高速铁路轨道群加固措施，包括地面预埋袖阀管注浆加固措施、轨道人工挖孔桩D型便梁扣轨加固措施、电气化立柱基础旋喷桩加固措施。

(2)叠线隧道下穿准高速铁路轨道群盾构掘进控制技术措施，包括接近股道前做好模拟掘进、下穿股道时保持连续掘进和控制平衡土压力、做好同步注浆和二次注浆、优化掘进参数和保持开挖面稳定、确保管片质量和拼装精度。

(3)叠线隧道下穿准高速铁路轨道群施工措施，包括选择“先下后上”的盾构掘进顺序、隧道超前上隧道100 m、选择夹持土注浆加固、采用加强型管片、下层隧道设移动支架、硬岩和上软下硬地层掘进措施。

(4)对铁路范围内轨面及路基和电气化立柱等主要设施进行了全方位、自动化实时监测，根据监测数据及时调整各项施工参数，确保下穿高铁施工安全。

(5)建立了确保铁路运营安全应急预案，包括应急指挥机构的设置和职责、预防事故措施和应急保障措施。

第8章　结论与展望

8.1　主要结论

采用数值模拟方法和监控量测的综合方法，本书进行了地铁叠线盾构区间隧道下穿高速铁路轨道群施工关键技术研究，包括盾构掘进先后顺序及掘进技术、沉降控制加固技术、沉降变形监测技术、确保铁路运营安全技术体系，主要结论如下：

1. 盾构掘进先后顺序及掘进技术

(1)对叠线隧道下穿准高速铁路轨道群盾构掘进先后顺序进行了有限元数值模拟分析，经综合比较引起地表最大沉降量、管片结构的内力与变形，得出叠线隧道下穿准高速铁路轨道群应采用“先下后上”的盾构掘进顺序。但是由于在未加固条件下，“先下后上”盾构掘进引起铁路轨道的沉降达到了 22.294 mm，超过了轨道沉降控制值(10 mm)2 倍多，必须采取加固措施。

(2)通过理论分析和现场试验，提出了盾构主要掘进参数：埋深为 12.46～14.92 m；土仓压力为 143～167 kPa；刀盘转速为 1.5～1.8 r/min；推进速度为 10～40 mm/min；总推力为 12 000～16 000 kN；刀盘扭矩为 1.2～2.2 MN·m；贯入度为 15～25 mm/r；螺旋机转速为 0～22.7 r/min；每环出土量为 60～63 m^3；同步注浆压力为 0.1～0.3 MPa；同步注浆量为 6～8 m^3/环；左右前进千斤顶行程差控制在 20～50 mm；盾构机俯仰角不应超过±4 mm/m；盾构机滚动角不应超过±10 mm/m；盾尾间隙应控制在 75 mm 左右；施工完成后隧道偏差控制小于 50 mm。

(3)建立了叠线隧道下穿准高速铁路轨道群盾构掘进技术，包括掘进模式的选择（土压平衡模式）、下穿铁路股道盾构操作技术、盾构掘进姿态控制技术、含粉煤灰的膨润土与泡沫剂作为添加剂的渣土改良技术、含粉煤灰膨润土浆液的同步注浆技术、二次注浆技术、管片的拼装质量控制技术、下线隧道设内支撑台车技术。

2. 轨道群沉降控制加固技术

(1)采用有限元法对不同加固方式进行了数值模拟分析，结果表明，仅采用桩梁加固方式对叠线隧道施工引起的地表总沉降量的减小效果不明显，地表最大沉降量仍然为 19.83 mm，超过了轨道的沉降控制值（10 mm）；加固地层对控制隧道施工引起的地表沉降非常有效，同时采用桩梁、上下隧道间夹层土体和铁路路基软土加固措施后，地表沉降减小为 9.525 mm，小于轨道的沉降控制值（10 mm）。

(2)同时采用桩梁、上下隧道间夹层土体和铁路路基软土加固措施且其参数达到要求后，满足轨道下穿控制值（10 mm）和后施工隧道对先完成隧道管片结构竖向位移控制值（10 mm）的要求；其最大弯矩仅为 63.2 kN · m，满足管片结构的受力要求。

(3)建立了地铁区间叠线盾构隧道下穿准高速铁路沉降控制加固技术，包括隧道上覆砂层大直径长距离袖阀管加固技术、准高速铁路轨道人工挖孔桩 D 型便梁扣轨加固技术、电气化立柱基础旋喷桩加固技术和中间夹层土小导管注浆加固技术。

3. 沉降变形监测技术

(1)结合人工与自动化监测分区，基于全自动化三维监测系统，就铁路路基、轨道和信号设备基础沉降监测，建立了叠线隧道下穿准高速铁路轨道群沉降变形监测技术。

(2)为了提高叠线下穿准高速铁路轨道群盾构掘进引起的沉降监测精度，分别在铁路两侧设立强制观测墩，保证各测点测距小于 150 m，测试结果表明其监测精度完全满足测量要求；建立了各监测项目的监测频率、控制值、预警值。

(3)检修、接皮带、开仓换刀和铁路检查等停机，都会增加轨道沉降，达到了－16.82～－18.83 mm，均超过了控制值（－10 mm），需要填充碎石来调整轨道标高，以满足运营要求。

(4)广深正线轨道最大沉降为－5.9 mm，小于控制值的40%，信号机最大沉降为－2.0 mm，接触网最大沉降为－2.9 mm，均远远小于控制值；普通轨道最大沉降为－26.39 mm，远大于控制值，需要对轨道标高进行调整，满足运营要求；普通轨道信号机最大沉降为－11.01 mm，接触网最大沉降为－14.33 mm，也远小于控制值，满足要求。

4. 确保铁路运营安全技术体系

基于轨道群加固、盾构掘进、叠线隧道下穿、自动化监测和应急预案，构建了地铁叠线盾构区间隧道下穿高速铁路施工安全技术体系。

8.2　研究展望

本书是依托中国电建集团重大专项"复杂环境及地质条件下地铁修建关键技术"(ZDZX-07)的两个子课题"连续多段小净距叠线地铁盾构隧道施工关键技术"和"地铁交叠盾构隧道下穿准高速铁路轨道群施工关键技术"研究成果的总结而成的。

课题研究的一种用于重叠盾构隧道施工的支撑台车及支撑台车系统被授权发明专利，叠线盾构隧道自行式支撑架加固施工工法、盾构隧洞叠线段下线支顶加固上线快速掘进施工工法和盾构隧道下穿铁路站场轨道群地面加固施工工法获批中国电力建设集团工法。"地铁叠线盾构隧道下穿准高速铁路轨道群施工关键技术研究"获中国施工企业管理协会科学技术奖二等奖、中国电力建设集团科学技术奖一等奖。

该研究成果直接指导完成了中国电建集团深圳地铁 7 号线 BT 项目 6 个区间叠线段总长度 1 029 m 的施工任务，并解决深圳地铁 7 号线叠线隧道下穿广深铁路盾构掘进施工技术难题，确保了施工安全，产生了良好的经济效益。

随着轨道交通线网规模的不断扩容及运营服务标准的提高，不同线路间换乘及联络日益频繁。同时，受既有周边环境的制约，区间隧道间的空间关系变得日益复杂，不仅出现了十字形或小角度交叉，左右线上下平行重叠的区间隧道相继出现在上海、北京、杭州、深圳等。采用上下重叠布置的盾构区间隧道由于可较好地解决周边环境制约、道路红线狭窄、线网运营换乘功能需求等问题而得到越来越多的采纳。因此，近距离下穿广深铁路盾构掘进关键技术具有广阔的应用前景。

参考文献

[1] Yamaguchi I, Yamazaki I, Kiritani Y. Study of Ground-tunnel Interactions of Four Shield Tunnels Driven in Close Proximity, in Relation to Design and Construction of Parallel Shield Tunnels[J]. Tunnelling and Underground Space Technology, 1998, 13(3): 289-304.

[2] [日]地盘工学会. 盾构法的调查・设计・施工[M]. 牛清山,陈凤英,徐华,译. 北京:中国建筑工业出版社,2008.

[3] 何川,苏宗贤,曾东洋. 地铁盾构隧道重叠下穿施工对上方已建隧道的影响[J]. 土木工程学报,2008,41(3):91-98.

[4] 李朋,徐海清,李振伟. 紧邻多孔交叠盾构隧道施工影响分析[J]. 岩土力学,2011(S1):761-765.

[5] 章慧健,仇文革,冯冀蒙,等. 近距离重叠隧道盾构施工的纵向效应及对策研究[J]. 岩土力学,2010,31(11):3569-3573.

[6] 朱卫平,胡珉,郭平. 盾构叠交隧道地层移动分析[J]. 力学与实践,2003,25(4):32-35.

[7] 安红刚,胡向东. 交叠隧道施工地表变形的进化智能预测[J]. 同济大学学报:自然科学版,2004,32(12):1573-1577.

[8] 廖少明,余炎,白廷辉,等. 盾构隧道叠交施工引起的土层位移场分布规律[J]. 岩土工程学报,2006,28(4):485-490.

[9] 王明年,张晓军,苟明中,等. 盾构隧道掘进全过程三维模拟方法及重叠段近接分区研究[J]. 岩土力学,2012,33(1):277-283.

[10] 张海波,殷宗泽,朱俊高. 近距离叠交隧道盾构施工对老隧道影响的数值模拟[J]. 岩土力学,2005,26(2):282-286.

[11] 袁金秀,王道远,李栋. 北京地铁 6 号线下穿既有 4 号线区间盾构隧道施工技术[J]. 城市轨道交通研究,2012,15(3):82-85.

[12] 潘秀明,雷崇红. 北京地铁 8 号线交叠盾构隧道相互影响分析[J]. 现代城

市轨道交通,2011(S1):1-4.

[13] 杨洪杰,吴惠明. 叠交隧道施工的力学响应[C]//上海国际隧道工程研讨会文集:大直径隧道与城市轨道交通工程技术,2005.

[14] 李华. 小间距叠交盾构隧道施工技术[J]. 现代城市轨道交通,2013(1):50-52.

[15] 霍元盛. 深圳地铁 2 号线东黄区间盾构隧道重叠段施工技术[J]. 铁道建筑技术,2012(1):90-94.

[16] 王志华. 叠交隧道盾构穿越中间井施工技术[J]. 中国市政工程,2011(4):44-45.

[17] 周建钢. 叠落式盾构隧道施工技术[C]//第二届全国地下、水下工程技术交流会论文集,2011.

[18] 唐黎明. 地铁盾构近距离下穿多座高铁桥梁影响分析[J]. 华东交通大学学报,2017,34(2):45-53.

[19] 王国富,郑涛,路林海,等. 小半径盾构下穿高铁桥支护优化及变形控制研究[J]. 防灾减灾工程学报,2017(1):113-121.

[20] 王霆,韩高孝,郑军. 盾构下穿施工对高铁连续梁桥沉降和变形的影响[J]. 城市轨道交通研究,2016,19(4):38-41.

[21] 崔建华,梁玄昌. 盾构下穿合肥高铁南站对路基的影响分析[J]. 安徽建筑大学学报,2016,24(2):16-19.

[22] 高东奇,廖少明,张迪,等. 杭州环北大直径泥水盾构隧道下穿高铁桥涵的实测分析[J]. 隧道建设,2016,36(4):403-410.

[23] 张碧文. 浅埋盾构下穿高铁路基沉降分析及控制[J]. 现代隧道技术,2013,50(2):109-113.

[24] 陈海丰,袁大军,王飞,等. 软弱地层地铁盾构下穿高铁的安全控制技术研究[J]. 土木工程学报,2015(S1):256-260.

[25] 徐源,董志高. 地铁隧道下穿既有高铁桥梁基础的变形控制[J]. 现代交通技术,2014,11(1):26-29.

[26] 庞振勇. 宁天城际盾构下穿国铁地基加固设计方案[J]. 都市快轨交通,2017,30(1):87-93.

[27] 叶至盛. 地铁区间下穿成绵乐高铁设计方案研究[J]. 城市轨道交通研究,2016,19(3):56-60.

[28] 曲强,于鹤然. 盾构隧道下穿城铁地面线施工风险分析及对策研究[J]. 铁道标准设计,2013(6):88-91.

[29] 丁智. 盾构隧道施工与邻近建筑物相互影响研究[D]. 杭州:浙江大学城市学院,2007.

[30] Schmidt B. Consolidation, Settlement due to Soft Ground Tunnelling[C]// 12th ICSMFE, Brazil, 1989:797-800.

[31] Samarasekera L., Eisenstein Z. Porepressures Around Tunnels in Clay[J]. Canadian Geotechnical Journal, 1992(29):819-831.

[32] 朱忠隆,张庆贺. 盾构法施工对地层扰动的试验研究[J]. 岩土力学,2000,21(1):49-52.

[33] Yi-cherng Yeh, Yau-Hwaug Kuo, Deh-Shiu Hsu. Building KBES for Diagnosing PC Pile with Artificial Neural Network[J]. Journal of Computing in Civil Engineering, 1993, 7(1):71-93.

[34] 夏江,严平,庄一舟,等. 基于遗传算法的软土地基沉降预测[J]. 岩土力学,2004,25(7):1131-1134.

[35] 任松,姜德义,杨春和. 基于遗传算法的浅埋隧道开挖地表沉降神经网络预测[J]. 郑州大学学报:工学版,2006,27(3):46-49.

[36] Guo Qinghao. Study on Construction Technology for Urban Tunnel Closely Passing beneath Existing Building[J]. Advanced Materials Research, 2011, 243-249: 3484-3488.

[37] 吴昌将,张子新,丁文其,等. 盾构侧穿邻近古建筑的施工影响分析及保护措施加固效果的研究[J]. 岩土工程学报,2012,34(1):158-165.

[38] 胡大伟. 盾构近距离侧穿建筑物保护方案研究[J]. 铁道勘测与设计,2010(3):48-51.

[39] 苏君哲. 盾构侧穿四合院施工方案探讨[J]. 科学之友,2013(1): 19-20,22.

附录 1　四个断面的位移和管片内力计算结果

附表 1-1　“先下后上”施工断面 1 的计算结果

步骤＼节点	节点 d	节点 a_1			节点 c_1			节点 b_1		
	位移 (mm)	位移 (mm)	弯矩 (kN·m)	轴力 (kN)	位移 (mm)	弯矩 (kN·m)	轴力 (kN)	位移 (mm)	弯矩 (kN·m)	轴力 (kN)
下加管片	−13.835	−2.050	6.182	0.118	−1.971	7.661	−7.226	0.039	−6.675	−16.943
开挖上毛洞	−21.421	2.860	105.133	−27.550	1.831	76.052	−34.895	−0.505	−71.994	58.086
上盾构	−25.465	0.061	68.141	−28.016	−0.567	42.948	−34.913	−0.308	−40.914	15.065
上管片，注浆	−27.493	−1.556	44.716	−28.427	−1.940	23.216	−34.492	−0.188	−22.467	−10.152
开挖第二个毛洞的增量	−7.586	4.910	98.951	−27.668	3.802	68.391	−27.669	−0.544	−65.319	75.029
第二隧道完成时的增量	−13.658	0.494	38.534	−28.546	0.031	15.555	−27.266	−0.227	−15.793	6.791

附表 1-2 “先上后下”施工断面 1 的计算结果

节点 / 步骤	节点 d	节点 a_2			节点 c_2			节点 b_2		
	位移 (mm)	位移 (mm)	弯矩 (kN·m)	轴力 (kN)	位移 (mm)	弯矩 (kN·m)	轴力 (kN)	位移 (mm)	弯矩 (kN·m)	轴力 (kN)
上加管片	−16.262	−3.175	5.919	−4.827	−3.101	7.015	−7.950	0.036	−6.279	−19.900
开挖下毛洞	−26.751	−17.708	86.342	−55.342	−19.023	158.703	−77.867	−0.642	−120.663	50.709
下盾构	−28.718	−20.359	96.255	−57.933	−21.799	168.909	−81.069	−0.706	−132.368	56.920
下管片，注浆	−29.700	−21.670	101.273	−59.567	−23.174	174.164	−83.302	−0.739	−138.247	59.650
开挖第二个毛洞的增量	−10.489	−14.533	80.423	−50.515	−15.922	151.689	−69.917	−0.678	−114.385	70.609
第二隧道完成时的增量	−13.438	−18.495	95.354	−54.740	−20.073	167.150	−75.352	−0.775	−131.969	79.550

附表 1-3 “先下后上”施工断面 2 的计算结果

节点 步骤	节点 d	节点 a_1			节点 c_1			节点 b_1		
	位移（mm）	位移（mm）	弯矩（kN·m）	轴力（kN）	位移（mm）	弯矩（kN·m）	轴力（kN）	位移（mm）	弯矩（kN·m）	轴力（kN）
下加管片	−13.553	−1.083	10.586	−1.952	−0.947	13.782	−11.871	0.066	−11.957	−25.896
开挖上毛洞	−24.304	2.072	119.406	−31.651	0.907	87.166	−34.464	−0.574	−89.625	69.315
上盾构	−27.699	0.709	80.869	−32.725	−0.043	52.387	−38.917	−0.371	−55.597	22.176
上管片，注浆	−29.212	−0.066	57.523	−33.350	−0.576	32.319	−40.978	−0.253	−35.978	−4.610
开挖第二个毛洞的增量	−10.751	3.155	108.820	−29.699	1.854	73.384	−22.594	−0.640	−77.667	95.211
第二隧道完成时的增量	−15.660	1.017	46.938	−31.398	0.371	18.537	−29.107	−0.319	−24.021	21.285

附表 1-4　“先上后下”施工断面 2 的计算结果

节点 步骤	节点 d	节点 a_2			节点 c_2			节点 b_2		
	位移 (mm)	位移 (mm)	弯矩 (kN・m)	轴力 (kN)	位移 (mm)	弯矩 (kN・m)	轴力 (kN)	位移 (mm)	弯矩 (kN・m)	轴力 (kN)
上加管片	−18.700	−2.719	7.099	−0.772	−2.632	8.229	−6.084	0.042	−7.535	−17.440
开挖下毛洞	−30.620	−20.314	92.043	−39.978	−21.654	157.599	−71.678	−0.654	−119.969	62.552
下盾构	−31.505	−21.684	98.060	−39.904	−23.098	163.624	−72.869	−0.691	−126.968	66.941
下管片，注浆	−31.865	−22.227	100.457	−40.156	−23.671	166.080	−73.722	−0.706	−129.734	68.464
开挖第二个毛洞的增量	−11.920	−17.596	84.944	−39.206	−19.022	149.370	−65.594	−0.696	−112.434	79.992
第二隧道完成时的增量	−13.165	−19.508	93.358	−39.384	−21.038	157.851	−67.638	−0.748	−122.199	85.904

附表 1-5 “先下后上”施工断面 3 的计算结果

节点 步骤	节点 d	节点 a_1			节点 c_1			节点 b_1		
	位移 (mm)	位移 (mm)	弯矩 (kN·m)	轴力 (kN)	位移 (mm)	弯矩 (kN·m)	轴力 (kN)	位移 (mm)	弯矩 (kN·m)	轴力 (kN)
下加管片	−8.516	−1.035	7.958	1.327	−0.935	9.756	−11.519	0.049	−8.657	−20.174
开挖上毛洞	−17.755	1.751	104.704	−20.943	0.743	74.603	−31.585	−0.495	−74.941	61.399
上盾构	−19.886	0.422	68.486	−23.439	−0.203	43.000	−35.065	−0.307	−44.124	18.446
上管片,注浆	−20.981	−0.347	46.288	−24.251	−0.743	24.423	−36.676	−0.195	−26.023	−6.415
开挖第二个毛洞的增量	−9.238	2.786	96.746	−22.270	1.678	64.847	−20.066	−0.544	−66.283	81.573
第二隧道完成时的增量	−12.464	0.688	38.329	−25.578	0.192	14.666	−25.157	−0.244	−17.365	13.759

附表 1-6　“先上后下”施工断面 3 的计算结果

节点 / 步骤	节点 d	节点 a_2			节点 c_2			节点 b_2		
	位移 (mm)	位移 (mm)	弯矩 (kN·m)	轴力 (kN)	位移 (mm)	弯矩 (kN·m)	轴力 (kN)	位移 (mm)	弯矩 (kN·m)	轴力 (kN)
上加管片	−14.018	−1.996	6.703	−6.223	−1.916	7.413	−14.264	0.038	−6.599	−25.780
开挖下毛洞	−21.303	−13.162	89.183	−67.093	−14.510	163.422	−95.717	−0.639	−125.826	37.275
下盾构	−22.081	−14.366	96.856	−70.476	−15.817	172.817	−99.391	−0.689	−135.659	41.405
下管片，注浆	−22.462	−14.950	100.695	−72.262	−16.452	177.422	−101.842	−0.714	−140.513	43.196
开挖第二个毛洞的增量	−7.285	−11.165	82.480	−60.869	−12.595	156.009	−81.453	−0.677	−119.227	63.055
第二隧道完成时的增量	−8.443	−12.954	93.992	−66.039	−14.536	170.009	−87.577	−0.752	−133.914	68.977

附表 1-7 “先下后上”施工断面 4 的计算结果

步骤 \ 节点	节点 d	节点 a_1			节点 c_1			节点 b_1		
	位移 (mm)	位移 (mm)	弯矩 (kN·m)	轴力 (kN)	位移 (mm)	弯矩 (kN·m)	轴力 (kN)	位移 (mm)	弯矩 (kN·m)	轴力 (kN)
下加管片	−6.357	−0.610	2.611	−3.353	−0.155	3.452	−16.831	−0.173	−4.858	−16.549
开挖上毛洞	−16.930	1.261	96.487	−7.124	−0.040	21.535	−6.505	−0.485	−23.598	35.656
上盾构	−18.671	0.570	71.406	−16.561	−0.099	13.012	−14.077	−0.519	−12.340	9.603
上管片,注浆	−19.529	0.146	56.720	−21.414	−0.134	7.871	−18.421	−0.566	−4.640	−4.108
开挖第二个毛洞的增量	−10.573	1.871	93.876	−3.772	0.115	18.082	10.326	−0.312	−18.740	52.205
第二隧道完成时的增量	−13.172	0.757	54.109	−18.062	0.021	4.419	−1.590	−0.393	0.217	12.442

附表1-8　“先上后下”施工断面4的计算结果

节点 / 步骤	节点 d	节点 a_2			节点 c_2			节点 b_2		
	位移（mm）	位移（mm）	弯矩（kN·m）	轴力（kN）	位移（mm）	弯矩（kN·m）	轴力（kN）	位移（mm）	弯矩（kN·m）	轴力（kN）
上加管片	−14.569	−1.640	8.363	−4.397	−1.538	9.434	−15.023	0.050	−8.790	−27.164
开挖下毛洞	−20.489	−11.445	82.204	−58.138	−12.694	154.332	−92.383	−0.608	−113.850	42.057
下盾构	−20.661	−11.770	85.168	−59.203	−13.062	158.895	−93.116	−0.629	−117.798	43.969
下管片，注浆	−20.834	−12.064	87.404	−60.280	−13.388	162.102	−94.668	−0.647	−120.716	45.413
开挖第二个毛洞的增量	−5.920	−9.805	73.841	−53.741	−11.156	144.897	−77.360	−0.658	−105.059	69.221
第二隧道完成时的增量	−6.265	−10.423	79.041	−55.884	−11.850	152.667	−79.644	−0.697	−111.926	72.576

附表 1－9　地面沉降超过表头数据的宽度

（单位：m）

地层	施工顺序	第一个隧道修建完成时			第二个隧道修建完成时		
		1 cm	5 mm	3 mm	1 cm	5 mm	3 mm
真实地层 1	先下后上	9.16	17.14	23.61	14.25	20.3	25.37
	先上后下	6.96	12.89	17.14	14.25	20.3	25.37
真实地层 2	先下后上	9.24	18.63	22.97	15.98	22.97	27.76
	先上后下	10.24	15.98	20.02	17.3	22.97	27.76
真实地层 3	先下后上	0	13.42	20	13.42	20	24.52
	先上后下	7.08	13.42	17.23	13.42	20	24.52
真实地层 4	先下后上	0	8.36	15.7	11.74	18.64	21.85
	先上后下	8.36	14.31	18.64	13	18.64	21.85

附录 2　加固后四个断面的位移和管片内力计算结果

附表 2－1　隧道夹层加固后“先上后下”施工断面 1 的计算结果

步骤＼节点	节点 d	节点 a_2			节点 c_2			节点 b_2		
	位移 (mm)	位移 (mm)	弯矩 (kN·m)	轴力 (kN)	位移 (mm)	弯矩 (kN·m)	轴力 (kN)	位移 (mm)	弯矩 (kN·m)	轴力 (kN)
上加管片	−10.165	−1.333	3.007	−16.321	−1.327	2.582	−48.460	0.000	−2.349	−37.196
开挖下毛洞	−14.209	−6.256	63.954	−74.061	−7.260	118.649	−132.269	−0.508	−103.136	−14.710
下盾构	−15.774	−8.143	84.451	−91.953	−9.449	151.566	−157.351	−0.661	−133.926	−8.034
下管片，注浆	−16.589	−9.122	94.801	−100.996	−10.580	168.094	−169.934	−0.739	−149.465	−4.665
开挖第二个毛洞的增量	−4.044	−4.923	60.948	−57.740	−5.933	116.067	−83.809	−0.507	−100.787	22.486
第二个洞加盾构的增量	−1.564	−1.887	20.496	−17.892	−2.189	32.917	−25.082	−0.154	−30.790	6.676
第二个洞完成时总增量	−6.423	−7.789	91.794	−84.675	−9.253	165.512	−121.474	−0.738	−147.115	32.531

附表 2-2　隧道夹层加固后“先上后下”施工断面 2 的计算结果

节点 步骤	节点 d	节点 a_2			节点 c_2			节点 b_2		
	位移（mm）	位移（mm）	弯矩（kN·m）	轴力（kN）	位移（mm）	弯矩（kN·m）	轴力（kN）	位移（mm）	弯矩（kN·m）	轴力（kN）
上加管片	−10.355	−0.722	6.115	−12.612	−0.675	1.190	−45.787	0.021	−1.757	−38.524
开挖下毛洞	−14.222	−5.561	63.357	−72.363	−6.559	114.356	−141.269	−0.510	−106.444	−18.134
下盾构	−14.859	−6.363	74.896	−82.305	−7.533	133.074	−157.077	−0.598	−124.397	−14.780
下管片，注浆	−15.170	−6.755	80.475	−87.103	−8.008	142.212	−164.645	−0.641	−133.075	−13.129
开挖第二个毛洞的增量	−3.867	−4.839	57.243	−59.750	−5.884	113.167	−95.481	−0.532	−104.688	20.389
第二个洞加盾构的增量	−0.636	−0.802	11.539	−9.943	−0.974	18.718	−15.808	−0.088	−17.953	3.354
第二个洞完成时总增量	−4.815	−6.032	74.361	−74.490	−7.333	141.022	−118.858	−0.662	−131.319	25.394

附表 2－3　隧道夹层加固后“先上后下”施工断面 3 的计算结果

步骤＼节点	节点 d	节点 a_2			节点 c_2			节点 b_2		
	位移（mm）	位移（mm）	弯矩（kN·m）	轴力（kN）	位移（mm）	弯矩（kN·m）	轴力（kN）	位移（mm）	弯矩（kN·m）	轴力（kN）
上加管片	−10.318	−0.949	5.910	−12.762	−0.897	2.595	−40.252	0.023	−2.651	−36.249
开挖下毛洞	−13.793	−5.749	73.704	−79.488	−6.900	136.741	−141.751	−0.579	−116.158	−7.070
下盾构	−14.465	−6.680	86.741	−90.415	−8.023	158.005	−157.331	−0.676	−135.545	−2.141
下管片，注浆	−14.806	−7.146	93.220	−95.923	−8.584	167.997	−164.904	−0.724	−145.194	0.115
开挖第二个毛洞的增量	−3.474	−4.800	67.794	−66.725	−6.002	134.146	−101.499	−0.602	−113.507	29.179
第二个洞加盾构的增量	−0.672	−0.931	13.037	−10.927	−1.124	21.264	−15.580	−0.097	−19.386	4.929
第二个洞完成时总增量	−4.487	−6.197	87.310	−83.160	−7.687	165.401	−124.651	−0.748	−142.543	36.364

附表 2-4　隧道夹层加固后“先上后下”施工断面 4 的计算结果

节点 步骤	节点 d	节点 a_2			节点 c_2			节点 b_2		
	位移(mm)	位移(mm)	弯矩(kN·m)	轴力(kN)	位移(mm)	弯矩(kN·m)	轴力(kN)	位移(mm)	弯矩(kN·m)	轴力(kN)
上加管片	−12.165	−1.179	8.860	−7.777	−1.082	7.440	−20.884	0.046	−8.090	−30.508
开挖下毛洞	−14.956	−6.008	120.000	−29.071	−7.550	172.930	−86.261	−0.763	−144.45	77.870
下盾构	−15.087	−6.260	122.900	−30.853	−7.847	177.280	−87.953	−0.786	−148.840	79.247
下管片,注浆	−15.167	−6.402	124.400	−31.937	−8.013	179.500	−89.365	−0.798	−151.200	79.815
开挖第二个毛洞的增量	−2.790	−4.829	111.140	−21.294	−6.468	165.490	−65.376	−0.809	−136.360	108.378
第二个洞加盾构的增量	−0.131	−0.252	2.900	−1.782	−0.296	4.350	−1.692	−0.023	−4.390	1.377
第二个洞完成时总增量	−3.001	−5.223	115.540	−24.160	−6.931	172.060	−68.480	−0.844	−143.110	110.323

附录 3　不同加固方式不同施工顺序下的计算结果

附表 3－1　不考虑桩梁加固,“先下后上”施工的计算结果

节点 / 步骤	节点 d	节点 a_1			节点 c_1			节点 b_1		
	位移(mm)	位移(mm)	弯矩(kN·m)	轴力(kN)	位移(mm)	弯矩(kN·m)	轴力(kN)	位移(mm)	弯矩(kN·m)	轴力(kN)
下加管片	−8.361	−1.203	6.166	0.176	−1.131	6.475	−14.187	0.035	−6.019	−18.530
开挖上毛洞	−18.530	2.035	104.210	−17.850	1.039	73.031	−32.485	−0.490	−72.055	61.436
上盾构	−21.022	0.511	73.212	−21.029	−0.163	46.901	−36.216	−0.332	−46.857	24.449
上管片,注浆	−22.294	−0.360	54.495	−22.636	−0.844	31.682	−38.249	−0.239	−32.170	2.970
开挖第二个毛洞的增量	−10.170	3.238	98.044	−18.026	2.169	66.556	−18.298	−0.526	−66.036	79.966
第二个洞加盾构的增量	−2.491	−1.524	−30.998	−3.179	−1.202	−26.130	−3.731	0.158	25.198	−36.987
第二个洞完成时总增量	−13.934	0.843	48.329	−22.812	0.286	25.206	−24.062	−0.274	−26.151	21.500

注:钻孔号 MG23-TSH-33。下同。

附表 3-2 不考虑桩梁加固，"先上后下"施工的计算结果

步骤＼节点	节点 d	节点 a_2			节点 c_2			节点 b_2		
	位移(mm)	位移(mm)	弯矩(kN·m)	轴力(kN)	位移(mm)	弯矩(kN·m)	轴力(kN)	位移(mm)	弯矩(kN·m)	轴力(kN)
上加管片	-15.516	-2.086	6.947	-4.549	-1.999	8.286	-12.161	0.042	-7.650	-21.742
开挖下毛洞	-22.316	-12.269	78.415	-53.092	-13.436	141.224	-75.643	-0.569	-105.089	42.866
下盾构	-23.299	-13.653	85.924	-56.083	-14.917	150.577	-78.485	-0.618	-113.989	46.782
下管片，注浆	-23.822	-14.387	90.047	-57.830	-15.705	155.709	-80.419	-0.645	-118.851	48.766
开挖第二个毛洞的增量	-6.800	-10.184	71.468	-48.542	-11.437	132.938	-63.482	-0.611	-97.439	64.609
第二个洞加盾构的增量	-0.983	-1.383	7.509	-2.991	-1.481	9.353	-2.842	-0.049	-8.900	3.915
第二个洞完成时总增量	-8.306	-12.302	83.100	-53.280	-13.706	147.423	-68.258	-0.687	-111.201	70.509

附表 3-3　考虑桩梁加固，"先下后上"施工的计算结果

步骤＼节点	节点 d	节点 a_1			节点 c_1			节点 b_1		
	位移(mm)	位移(mm)	弯矩(kN·m)	轴力(kN)	位移(mm)	弯矩(kN·m)	轴力(kN)	位移(mm)	弯矩(kN·m)	轴力(kN)
下加管片	−7.357	−1.203	6.174	0.181	−1.131	6.470	−14.195	0.035	−6.013	−18.528
开挖上毛洞	−16.280	2.139	100.487	−9.349	1.168	71.736	−27.607	−0.478	−70.846	65.778
上盾构	−18.624	0.610	69.311	−12.537	−0.037	45.499	−31.348	−0.319	−45.541	28.635
上管片,注浆	−19.830	−0.264	50.506	−14.129	−0.721	30.222	−33.383	−0.226	−30.797	7.081
开挖第二个毛洞的增量	−8.923	3.342	94.313	−9.530	2.298	65.266	−13.412	−0.514	−64.833	84.306
第二个洞加盾构的增量	−2.344	−1.529	−31.177	−3.188	−1.205	−26.238	−3.742	0.159	25.305	−37.142
第二个洞完成时总增量	−12.473	0.939	44.331	−14.310	0.410	23.752	−19.188	−0.261	−24.784	25.610

附表 3-4　考虑桩梁加固，"先上后下"施工的计算结果

步骤＼节点	节点 d	节点 a_2			节点 c_2			节点 b_2		
	位移(mm)	位移(mm)	弯矩(kN·m)	轴力(kN)	位移(mm)	弯矩(kN·m)	轴力(kN)	位移(mm)	弯矩(kN·m)	轴力(kN)
上加管片	−13.948	−2.087	6.589	−5.121	−2.003	8.208	−12.323	0.041	−7.553	−21.812
开挖下毛洞	−19.847	−11.340	72.548	−53.337	−12.407	129.237	−73.824	−0.520	−95.423	37.715
下盾构	−20.815	−12.755	80.609	−56.792	−13.928	140.431	−77.531	−0.572	−104.924	42.021
下管片，注浆	−21.321	−13.493	84.858	−58.686	−14.720	145.617	−79.457	−0.599	−109.827	44.003
开挖第二个毛洞的增量	−5.899	−9.253	65.960	−48.216	−10.404	121.029	−61.501	−0.561	−87.870	59.527
第二个洞加盾构的增量	−0.968	−1.415	8.061	−3.455	−1.522	11.194	−3.707	−0.053	−9.501	4.306
第二个洞完成时总增量	−7.373	−11.405	78.270	−53.565	−12.717	137.409	−67.135	−0.641	−102.274	65.814

附表 3-5　考虑桩梁、夹层和路基软土加固,“先下后上”施工的计算结果

步骤＼节点	节点 d	节点 a_1			节点 c_1			节点 b_1		
	位移(mm)	位移(mm)	弯矩(kN·m)	轴力(kN)	位移(mm)	弯矩(kN·m)	轴力(kN)	位移(mm)	弯矩(kN·m)	轴力(kN)
下加管片	−2.875	−0.601	0.714	−30.608	−0.604	0.865	−0.216	0.000	−1.252	−12.549
开挖上毛洞	−8.168	0.989	38.223	−15.217	0.574	33.402	−7.429	−0.208	−34.494	−41.563
上盾构	−9.010	0.034	21.641	−17.116	−0.192	17.434	−8.542	−0.113	−18.553	−22.642
上管片,注浆	−9.525	−0.488	12.370	−18.312	−0.610	8.613	−9.043	−0.060	−9.743	−12.305
开挖第二个毛洞的增量	−5.293	1.590	37.509	15.391	1.178	32.537	−7.213	−0.208	−33.243	−29.014
第二个洞加盾构的增量	−0.841	−0.955	−16.582	−1.899	−0.767	−15.969	−1.113	0.095	15.942	18.921
第二个洞完成时总增量	−6.649	0.113	11.656	12.296	−0.006	7.748	−8.828	−0.060	−8.491	0.245

附表 3-6　考虑桩梁、夹层和路基软土加固，“先上后下”施工的计算结果

步骤 \ 节点	节点 d	节点 a_2			节点 c_2			节点 b_2		
	位移(mm)	位移(mm)	弯矩(kN·m)	轴力(kN)	位移(mm)	弯矩(kN·m)	轴力(kN)	位移(mm)	弯矩(kN·m)	轴力(kN)
上加管片	−6.767	−0.746	6.829	−11.595	−0.683	3.380	−42.813	0.030	−4.143	−37.012
开挖下毛洞	−8.579	−2.923	23.364	−38.959	−3.295	43.441	−84.079	−0.192	−39.839	−29.379
下盾构	−9.277	−3.748	32.009	−46.931	−4.243	56.315	−95.739	−0.255	−52.508	−27.236
下管片，注浆	−9.642	−4.181	36.605	−51.161	−4.742	63.196	−101.904	−0.288	−59.246	−26.075
开挖第二个毛洞的增量	−1.812	−2.177	16.534	−27.364	−2.612	40.061	−41.266	−0.221	−35.696	7.633
第二个洞加盾构的增量	−0.698	−0.825	8.645	−7.973	−0.948	12.874	−11.660	−0.063	−12.669	2.143
第二个洞完成时总增量	−2.875	−3.435	29.776	−39.566	−4.059	59.817	−59.091	−0.318	−55.103	10.937

附表 3－7　不同加固方式下“先下后上”桩的最大轴力和梁的最大弯矩与相应轴力

加固方式 / 结构 / 步骤	仅桩梁加固			桩梁、夹层和路基软土同时加固		
	梁		桩	梁		桩
	最大弯矩（kN·m）	对应轴力（kN）	最大轴力（kN）	最大弯矩（kN·m）	对应轴力（kN）	最大轴力（kN）
开挖下毛洞	4 693.922	－73.397	－14 041.750	4 239.716	－50.321	－15 057.550
下盾壳	4 711.806	－66.067	－14 057.360	4 243.241	－45.651	－15 053.380
下管片，注浆	4 720.992	－62.082	－14 066.010	4 245.118	－43.195	－15 051.240
开挖上毛洞	5 063.893	－49.249	－14 210.170	4 504.347	－46.265	－15 178.880
上盾壳	5 129.050	－38.666	－14 226.040	4 512.528	－38.889	－15 176.210
上管片，注浆	5 162.603	－33.218	－14 235.810	4 519.456	－35.585	－15 176.820

附表 3-8　不同加固方式下“先上后下”桩的最大轴力和梁的最大弯矩与相应轴力

加固方式 / 结构 / 步骤	仅桩梁加固			桩梁、夹层和路基软土同时加固		
	梁		桩	梁		桩
	最大弯矩（kN·m）	对应轴力（kN）	最大轴力（kN）	最大弯矩（kN·m）	对应轴力（kN）	最大轴力（kN）
开挖上毛洞	4 941.708	−90.871	−13 967.470	4 493.115	−61.347	−14 511.780
上盾壳	5 008.220	−78.915	−13 988.890	4 499.823	−54.950	−14 506.420
上管片，注浆	5 042.790	−72.584	−14 001.680	4 505.932	−52.242	−14 505.580
开挖下毛洞	5 189.892	−42.163	−14 192.060	4 517.109	−37.783	−14 505.570
下盾壳	5 207.640	−34.941	−14 204.330	4 520.809	−32.220	−14 502.520
下管片，注浆	5 216.480	−31.047	−14 211.000	4 522.793	−29.286	−14 500.940